KEMAL KIRAR

NE ÜLEN BU?!

Türkçenin gü

DESTEK YAYINLARI: 549
EDEBİYAT: 204

NE ÜLEN BU?! / KEMAL KIRAR

Her hakkı saklıdır. Bu eserin aynen ya da özet olarak hiçbir bölümü, telif hakkı sahibinin yazılı izni alınmadan kullanılamaz.

İmtiyaz Sahibi: Yelda Cumalıoğlu
Genel Yayın Yönetmeni: Ertürk Akşun
Yayın Koordinatörü: Erol Hızarcı
Editör: Kemal Kırar
Kapak Tasarım: İlknur Muştu
Sayfa Düzeni: Cansu Poroy

Destek Yayınları: Nisan 2015
Yayıncı Sertifika No. 13226

ISBN 978-605-9913-59-1

© Destek Yayınları

Harbiye Mah. Maçka Cad. Narmanlı Apt. No. 24 K. 5 D. 33 Nişantaşı / İstanbul
Tel.: (0) 212 252 22 42
Fax: (0) 212 252 22 43
www.destekyayinlari.com
info@destekyayinlari.com
facebook.com/ DestekYayinevi
twitter.com/destekyayinlari
instagram.com/destekyayinlari

Deniz Ofset - Nazlı Koçak
Sertifika No. 29652
Maltepe Mah. Gümüşsuyu Cad.
Odin İş Mrk. B Blok No. 403/2
Zeytinburnu / İstanbul

KEMAL KIRAR

NE ÜLEN BU?!

Türkçenin güzellikleri üzerine

İÇİNDEKİLER

KELİMELERDEYİM 15
Merhaba 17
Argo 19
Burma ve Abuk-Sabuk Üzerine 21
Efendi-Auto 23
Egemen 25
Eninde-Boyunda 27
Etek 29
Fazilet-Erdem 31
31! 33
Burnoti 35
Dijital 36

Kerteriz-Gps 38

İmza-Mazi 41

Hamarat Profesör 42

Hayda Bre! 44

Kaltak 46

Kanepe 48

Kerata 50

Magazin 52

Miyoplara Mercimek! 55

Müjde! 57

Müsamaha-Tolerans-Hoşgörü 59

Müsevvid-Mübeyyiz 61

Nostalji 63

Ornamental 65

Özdil 68

Parantez (Ayraç) 71

Perküsyon 73

"Salı Sohbetleri"nde "Fındık" Mevzuu 75

Terbiye 79

Sepa 81

Enterval, Okul, Sınav 83

Taktir-Takdir 85

Tav 86

Teknik - Tekne 88

Az mı Çile Çektik! 90

Tükenmez 93

Arkanı Kolla! 95

Güler Yüz Tatlı Dil 97

Leb Demeden Leblebi! 99

Göbek Çatlatma 103

Taş Çıkarmak 104

Verba Volant 106

İmambayıldı 108

Dilberdudağı 111

[Sic] 114

ANEKDOTLAR/FIKRALAR 119

Halk Etimolojisi 116

Ayrı mı Yazalım Bitişik mi? 121

Noktalama (T)imi 124

Büyük Pazarlık! 126

Aman Dil! 128

Dil ve Toprak 130

Yunus Emre ve Dil Üzerine 132

Ben Kimleri Sevdim 134

Akıllı Hırsız 136

Altından Ev 138

19 Kasım 1938: Dolmabahçe'den Karaköy'e 140

Ringa Denizi'nde Oltacılık 142

Malherbe, Ahmed Agâh ve
Seslerin Tenevvüü 145

Çarşamba Toplantıları 150

Gazi Hz. ve Neyzen Baba Üzerine 153

İstanbul Kabadayıları 155

Değer Bilmezlik mi? 159

Edebiyatta Ebat! 163

Galata 165

Hızlandırılmış Oltacılık Kursu 167

İlmiye Tatlısı 172

Karadenizliyim Beyav! 174

Koca Sinan Âşık Olursa 179

Manevranın Böylesi 182

Marmara'da İki İnci 185

Kahve Üzerine Bir Hayal Çalışması 189

Peder Valentine'den Mektup Var! 191

Püf Noktası 194

Randevu 197
Üç Kıta 199
Boş İçmeyelim Bari! 201
Şimdiki de Futbol mu! 204
Mekânımız, Ulu Mimarımız Koca Sinan'ın
Baskın Teftişine Maruz Kalmıştır 207
Reklamcı Tavuklar 214
Hedef Kitle ve "Tiktak Kundura" 217
Tiyatro ve Güzel Konuşma 221
Yalnız Benim Ol! 223
Yıldız Tabya'dan Yallah! 225

BİYOGRAFLER 229
O Kimdi? 231
Adalet ve Cumhuriyet 234
Doktor Cemal Amcamız 237
Kaymak Dede 240
Seneler Evvelden Hoc'anım 242
Mülümcü Nail! 245
Vecdi Bey ve Üç Genç 248
Beni Yanıltmazlar! 251

İstanbul'a Has Kabadayılığın
Son Numunesi 254
Aksaraylı Prens Müştak 254
Prens'in Yemini 258
Âleme Son Nokta 262

ÜÇLEMELER 267

...

Manayı tesadüfe bırakmayan ve başka türlü anlaşılmaya imkân tanımayan bir kurallar bütününe sahip olan güzel Türkçemizin incelikleri hepimizi büyülüyor... Bazı kelimeler, anlam genişlemeleriyle bizi bambaşka limanlara sürüklüyor...

*

Kitabımda, farklı mana örgüleriyle sarmalanan kelimeler, zamanın ruhuna sahip olan anekdotlar/fıkralar ve -*eskilerin deyişiyle*- nevi şahsına münhasır (*sui generis*) kişioğullarının biyografilerini okuyacaksınız... Son sayfalara da mini bir "üçlü lügatçe" koydum...

*

Yahya Kemal Beyefendinin her gün hatırımda olan bir sözünü şuracığa yazmazsam bir şey eksik kalacak gibi:
"Bu dil, ağzımda annemin sütüdür."

Kemal KIRAR

Ne Ülen Bu?!

Zahireci Refi', Nazilli pazarında sakin sakin adımlarken gözü bir tezgâha takılır; üzeri halı kaplı bir yumurtaya benzeyen ve daha evvel görmediği -*kendine göre*- bu garip şey'i merak eder ve sorar:
-Ne ülen bu?
-Kivi beyim...
-Kaçaymış ülen bu?
-Otuz lira beyim...
-Ne ülen bu!
Türkçenin ne denli teshirli bir dil olduğunu anlatmak için, bu kısacık anekdot yeter de artar bile!...
Dikkat isterim, Refi' Amcanın iki cümlesi de soru edatıyla kurulu olmasına rağmen -*gördüğünüz gibi*- noktalamaları farklıdır. İlkinde, pazarcıya cevap aradığı bir soru yöneltmiş (*ve cevabını almış*), ikincisinde ise şaşkınca bir nidada bulunmuştur.
Cevap beklemeyen (*cevabı bilinen de diyebiliriz*), sadece anlatımı zenginleştirmek/süslemek için sorulan sorulara "retorik soru" dendiğini biliyoruz... Bu nükteli anekdot, "retorik soru"ya şahane bir örnek teşkil etmektedir. Ma-

nayı tesadüfe bırakmayan bu muhteşem dili -*özellikle*- konuşanlar için, "Dil portesinde yirmi dokuz notayla âdeta dans ediyorlar" desem, inanın bana hiç de abartmış olmam!...

Bizim bildiğimizi Refi' Amca bilmeyecek değil ya!

Hoş kalın!...

KELİMELERDEYİM

MERHABA

"Merhaba" kelimesini ilk sıraya koymamdaki amaç, elbette sizi ilk yazımla selamlamak içindir; ama kelimenin anlam içeriğiyle ilgili bir sebep daha var ki emin olun bunu öğrendiğinizde pek sevineceksiniz!

Evvela etimolojisi...

Dilimize Arapçadan gelip yerleşen "merhaba" (*rhb*) kelimesinin kökeninde "genişlenin", "yeriniz cennet olsun, yeriniz rahat, geniş olsun" gibi anlamlar yüklüdür. Buraya kadar enteresan bir durum yok, diyebilirsiniz; ama birazdan olacak!

Özellikle köy kökenliler, şöyle bir olaya çok kez şahit olmuştur: Bir kahvehaneye, "selamünaleyküm" diyerek giren kişi, kısa bir süre sonra (*oturduktan sonra*), bakışını yakaladığına "merhaba" der ve karşılığını da aynı şekilde alır; yani, "oturduğun yer geniş, rahat olsun" anlamında söylediği bu kelimeyle, samimi bir iyi niyet mesajı da vermiş olur karşısındakine...

Acaba köydeki Rüstem Ağa, etimolojisini bilerek mi "merhaba" der karşısındakinin gözlerinin içine bakarak:

hem de kelimenin köken anlamına uygun olarak ve illaki oturduktan sonra! Herhalde değil... Değil ama doğrusunu, dosdoğrusunu söylemiş olur. Önemli olan da kelimenin kavram karşılığını tam olarak vermek değil mi zaten! Edebiyatçı değilseniz ve eğer dil ile ilgili özel çalışmalarınız da yoksa, kelimeleri yerli yerinde kullanmaktan gayrı nasıl bir göreviniz olabilir ki!

Rahat koltuklarınıza kurulup diğer yazılarımı okumaya başlamadan evvel, hepinize, bir kez daha merhaba!...

ARGO

"Argo" kelimesinin -*çeşitli kaynaklardan derlediğim*- kökenine doğru bir yolculuğa çıkıyoruz... Ortaçağ Felemenkçesinde, kapı kapı dolaşan berduşlara "guit" denirmiş. Kelime, daha sonra Fransızcada "gueux" halini almış ve nihayet, "argot" türevine kavuşmuş. (*"mandat" ve "bidet"de olduğu gibi, son harfi okumayacaksınız elbette.*) XVII. asırda, "argoiter" isimli bir dilenciler birliğinden (!) de söz edilir.

Edebiyatın Gizli Dili

"Argo"ya, en kestirme tabirle: "Bir meslek ya da topluluğun gizli dili", günümüzde kullanımını düşündüğümüzde ise "Külhanbeylere mahsus dil" diyebiliriz. Latince ve Rusça da dahil olmak üzere 10'a yakın dilde (*belki daha da fazladır!*) kaynak malzemeyi doğrudan kullanabilen, mukayeseli tarihin efsane ismi İlber Ortaylı'nın *İstanbul'dan Sayfalar*'ında, "İstanbul argosu"nda kullanılan şöyle bir söze tesadüf ettiydim: "Aftos, piyanço cuntada cızlamı çekiyor; dikizine cavlarım!" Gerçekten de o topluluğun üyesi ya da mensubu değilseniz eğer, bu sözün bir kelimesini bile anlamanız mümkün değildir!

Unutmadan, şunun altını kalın kalemle çizeyim: "Argo"yu, "küfür" ile eş tutmamalıyız; küfür/sövgü bambaşka bir şeydir çünkü... Küfür, galiz (*kaba ve tiksindirici*) sözlerle örülür. Halbuki "argo" öyle mi? Bir dosya kâğıdına ancak sığacak çetrefil bir konu, erbabının ağzından zehir gibi iki kelime olarak fırlayıverir! Bu anlamda, "edebiyatın gizli dili"dir ya zaten...

Nükteli Argo

Siz bakmayın "argo" konuştuğunu sanan küfürbaz ayaktakımına ya da daha on yıl evvel İstanbul'u mesken tutan lümpenlere; benim sözünü ettiğim, süzülmüş "**İstanbul argosu**"dur. Onlar, "argo" bilmek/konuşmak için şehirli olmak gerektiğini bile bil(e)mezler! Nerede kaldı ki medeniyetle örülü şehir hayatındaki toplumsallığı ve onun gereklerini kavrayıp günün nükteli argosunu oluştursunlar...

Meraklıları için, Ferit Devellioğlu'nun ve -özellikle- Hulki Aktunç'un argo sözlüklerini tavsiye edebilirim; okurken içinizdeki hergeleyi keşfedecek ve sonsuz keyif alacaksınız, eminim. Üst satırlarda, İstanbul argosunda geçen bir söz yazdım: sanmayın ki anlamını da yazacağım?! İlber Hocanın, "sayfaları çevirmekle bitmeyen şehir" diye tanımladığı İstanbul'la ilgili hiçbir şey kolay kolay kazanılmamalıdır...

Bulun o kitabı okuyun!

BURMA VE ABUK-SABUK ÜZERİNE...

"Burma" başlıklı yazıyı yazarken şunu düşündüm: Şimdi sevgili okurlar, "Yahu, bu adam da bahsedecek konu mu bulamadı ne, baksanıza 'abuk-sabuk' şeyler anlatmaya başladı" derse... Öyle bile olsa, ben gene de -*durumdan vazife çıkarıp*- evvela bu "abuk-sabuk"un ne olduğunu anlatayım...

"Abuk-sabuk" sözünün anlamı şöyledir efendim: Normal vaktinde; yani akşama doğru ve akşamları içilen içkiye "abukh", sabahları içilene de "sabukh" denirmiş eski devirlerde. E, tabii sabah-akşam içen de saçmalar! *(Hah, şimdi bazılarınızın, "Tam da senin gibi" dediğini de duyar gibiyim.)*

Burma!

Hindistan ile Çin'in arasındaki ülkeden söz etmiyorum: o ülkenin yeni ismi Myanmar oldu ayrıca! Benim anlatacağım -*mesela Osmanlı İmparatorluğunda*- Harem'de görevli erkeklere uygulanan bir yöntem olan "hadım etme" operasyonudur.

"Burulmak" mastarından gelen bu kelimenin "kastrasyon", "iğdiş etme", "eneme", "kısırlaştırma" gibi karşılıkları da vardır... Mesela, hayvanlara tatbik edildiğinde, o hayvanın etinin daha lezzetli olduğu (!) söylenir. Hadi hayvanlara yapılması bir derece (!) ama insana yapıldığını düşündüğüm zaman, tek kelimeyle ürperirim! Nedir, tarihteki olayları zamanının koşullarıyla değerlendiremezsek, anakronizme düşeriz; yani, çağcıl düşünememiş oluruz. Ayrıca, Osmanlı'nın çağdaşı olan Avrupa ve Hindistan krallıklarında, bu edimden dolayı meydana gelen ölüm vakalarının bizdekilerden kat kat fazla olduğu da bilinmektedir.

Biraz teknik bilgi...

Hadım etme operasyonu, tarihte şu üç şekilde yapılmıştır: Testislerin ve penisin kökünden kesilmesi, sadece testislerin kesilmesi ve testislerin ezilerek/sıkıştırılarak/burularak erkeklik hormonu sağlayamayacak hale getirilmesi. Testislerin sıkıştırılarak iş göremez hale getirilmesiyle ilgili çok enteresan bir anekdot geldi şimdi aklıma.

Anlatayım...

O vakitler, Harem'de görev alacak olanların kısırlaştırma işi Arnavutlar tarafından yapılırmış genellikle. (*Aman, etnisite kartı göstermeyin hemen!*) İşin ehli, hadım edilecek çocuğu ortası delik bir tabureye oturturmuş evvela. Testislerin, taburenin ortasındaki delikten aşağıya sarkması sağlandıktan sonra; operasyonu yapacak olan, eline kastanyet'e benzer iki tahta parçası alıp -*çocuğun canı yanmasın diye* (!)- yıldırım hızıyla testisleri sıkıştırıp buruverirmiş?! (*İstanbul argosundaki söylemiyle: alın size bir "saplı sultan"!*)

Bir gün, bu işin erbaplarından birine: "Yahu birader, acı veren ve çok da tehlikeli bir iş değil mi bu yaptığınız" diye sormuşlar...

Cevap, ibretlik: "Ellerine dikkat edicen beyav?!"

EFENDİ-AUTO

"Efendi" kelimesi, hangi dilden gelip yerleşmiştir dilimize acaba? Bu sorunun cevabı genellikle, Arapça ya da Farsça olarak verilmektedir; ama, doğru cevap Yunancadır... "Efendi" kelimesinin ev sahibi olan dil, Yunan dilidir ve hatta bir ucu da anlam genişlemesiyle "auto/oto"ya kadar varmaktadır?!

Birçoğunuzun, "Yok canım daha da neler" dediğini duyar giyim. Anlam ve içerik olarak sağlam temeller sunamazsam, sizi ikna etmek güç olacak gibi görünüyor... En azından denemeliyim...

Dilimizde kadına ve erkeğe bir saygı sıfatı olarak yüklenen "efendi" kelimesi, Yunanca kökeninde de "beyefendi, ağa sahip" anlamında kullanılmaktadır; ama yazılışı "aüthentês/authentis (*"aftendis"* okunur) şeklindedir. "Başlı başına iş gören kişi" demek olan "authendis", Fransızcaya "authentique/otantik" Türkçemize de "efendi" olarak geçmiştir. (*Hâkimlik, hâkim olma anlamındaki "otorite" sözü de aynı köktendir.*) Eski devirlerde, kendi kendine iş görebilme, karar verebilme kabiliyetine sahip olan kişilere "efendi" dendiğini de ilave edeyim.

Sanımca ve kanımca, "oto"ya yaklaşmaya başladık! "Oto" da "kendi kendine" anlamı verdiği için, "mobil (*hareketli/kımıldayan/devinen)*" kelimesiyle birleşerek, "otomobil"i (*kendi işler, kendinden hareketli [müteharrik bizzat]*) oluşturmaktadır zaten.

Şimdi bu yazıyı okuyanlar eşine, dostuna, arkadaşlarına ya da patronlarına, "Otomatik Ali Bey n'aber" filan demezler umarım!

EGEMEN

"Egemen" kelimesi, bazı dilcilerimiz ve aydınlarımız tarafından pek kullanılmaz. Onlar, "egemen" yerine "hâkim", "egemenlik" yerine de "hâkimiyet" demeyi yeğlerler... Kullanılmasına bir itirazım yok; isteyen, istediği kelimeyi kullanabilir (*dilimize yerleşmiş olması şartıyla elbette*). Ancak, ileri sürülen sav gülünecek türdendir! Onlara göre, bu kelimenin ek'i de kök'ü de yabancıdır; yani, "egemen" el kökenli bir kelimedir.

Bakalım öyle mi?

Doğrusunu öğrenmek için başvurulacak yer belli: elimizin altındaki, "Etimoloji Sözlüğü"...

"Ege", "iye" ile aynı köktendir ve "bakıcı", "yetiştirici", "elinde bulunduran" anlamlarını içerir. (*Kelimenin, Osmanlı Türkçesindeki karşılığı "sahip"tir.*) "Men" eki ise, en eski Türk ağızlarında da vardır. Birtakım ses değişmeleri sonucunda, yabancı kökenli kelimelerle bağlantısı düşünülse bile, Anadolu halk ağzında ne denli yaygın olduğunu örneklerle kanıtlayabiliriz: Değirmen, delişmen, orman, kirmen, evcimen, ılıman, Karaman, küçümen, dolaman *(dönemeç, viraj)*, güdümen *(hem "şimşek" anlamı vardır hem "de çoluk çocuk)*, kocaman vb.

Ayrıca, halk dilinde bir nesneyi elinde bulunduran, onun iyesi/sahibi olan, yönetici olan anlamlarına gelen "eğemen" ile "kendi başına buyruk", "başkalarına boyun eğmeyen" anlamlarına gelen "ekemen" kelimeleri de kullanılmıştır.

Sizi bilmem; ama ben hâlâ anlamış değilim bu kelimenin nasıl ve neye göre "el kökenli" kabul edildiğini!

ENİNDE - BOYUNDA

Yazımın başlığına bakıp ahşap doğrama için ölçü alacağımı sanmayın; niyetim bambaşka!

Pek bilinen, meşhur bir söz vardır: "Eninde sonunda"... Bir işin, "er" ya da "geç" olacağını/gerçekleşeceğini ifade eden bu söz, aslında -*anlamca*- mantıklı ve rasyonel değildir. "Herkes bu şekilde yazıyor/söylüyor; bunun neresi yanlış" demeyin hemen: belki bir bildiğim vardır!

Evvela, "en" ile "son" birbirinin zıddı değildir: bu kesin! Ancak, "ön" ve "son" imlasıyla yazarsanız (*ya da telaffuz ederseniz*) sözün doğrusunu söylemiş/yazmış olursunuz. Çünkü, bu sözün İngilizcesi "sooner or later"dır. (*Meraklısına Felemenkçesini de yazıvereyim: "vroeg of laat"*.) Sanımca ve kanımca, yavaş yavaş anlaşmaya başladık...

İkinci olarak: Bir sözün ya da deyimin halk arasındaki kullanımı (*anlamca yanlış da olsa*), bazen doğru olduğuna da işaret edebilir. Ama burada açık bir hata sözkonusudur. Diğer bir söyleyişle, bu kullanımda "mantık hatası" vardır. Bu durum, kelimelerin yanlış yazılmasından/telaffuzundan daha kötü (*hatta tehlikeli*) neticeler verebilir.

Çünkü, kavramlarda hata yapılırsa, bu bir anlamda düşünce sistemimizin temelindeki bir çürümenin başlaması anlamına gelir. İşte bu sebeple de çok tehlikelidir!

Özce, "en"i "ön" şeklinde yazarak/söyleyerek sadece güzel Türkçemizin bir sözünü sıhhatli hale getirmekle kalmayacak, aynı zamanda da çevrenizde bu sözü "doğru" kullanan üç-beş kişiden biri olacaksınız...

Standartlaşmış gençlik tabiriyle: havanızı atacaksınız!

ETEK

Başlığa bakarak "kadın giysisi", "moda", "tekstil-konfeksiyon" gibi bir konudan bahis açacağımı sanıyorsanız yanıldınız!... Bugün, "etek" kelimesinin hiç bilinmeyen (*pek ama pek az bilinen diyeyim en iyisi*) bir anlamından söz açacağım...

Burhan Felek üstadımızın (*"şeyh-ül muharrirîn"* unvanına sahiptir kendileri) seneler evvelki bir yazısında şöyle bir ibareye tesadüf ettiydim: "Eski Türkçede, erkeklik azasına 'etek' denirdi. Hatta, Müslümanlıkta erkek çocuklara yapılan bir cerrahi müdahale olan 'sünnet'in (*Yahudilerde -genellikle- yedinci gün tatbik edilir*) eski devirlerdeki isminin Türkçe karşılığı da: 'Etek külâhının kesilmesi'dir (*sünnet olmanın Arapça karşılığı 'hıtân'dır ve Osmanlılarda 'sünnet düğünü'ne 'Hıtân Cemiyeti' denirdi*)."

El-hakk, doğru; çünkü -*bilindiği gibi*- "sünnet": Hz. Muhammed'in, "misvak kullanmak, cemaatle namaz kılmak vb." yaptığı işler, tavsiyeler ve tasviplerdir. (*Meraklısına: "Müekkede [üstelenmiş]" ve "gayri müekkede [üstelenmemiş]" olarak da ikiye ayrılırlar.*) Terbiye sularının hudutlarında kulaç atıyor gibi göründüğümün farkındayım; ama bunları da bilmek lazım! *(Ayrıca, şu da bilinmeli: Tıp'ta olduğu gibi, dil ile alakalı konularda da ayıp kavramının değerlendirilmesi gereken kapı aralığı bir hayli genişçe tutulmalıdır.)*

Bir-iki örnekle daha bu tezimizi berkitelim: Sanımca ve kanımca, "etek usturası" ya da "etek tıraşı" gibi sözleri duymayanınız yoktur. *(Duymayanlar da büyüklerine sorsunlar bir zahmet!)* Buna bir de Anadolu'da sıklıkla -kadınları tarif etmek için- kullanılan "eksik etek" sözünü ilave edersem: iç cebinizde keyifle saklayıp yeri geldiğinde dost sohbetlerinde kullanabileceğiniz -*biraz muzır ama*- hoş bir bilgi sahibi yapmış olurum sizi...

Bitmedi...

"El-etek öpmek" sözüne ne demeli peki?!

Hemen kızmayın canım, bunları da bilmek lazım...

FAZİLET - ERDEM

Güzel yazmaya ve konuşmaya, yani dil'e merakı olanlar bilir *(asıl önemlisi, arada sırada da olsa sözlük karıştıranlar tabii!)*: "Fazilet" kelimesi, Arapça "fazl" kökünden gelmesi yanında, "insanın iyilik etmeye, fenalıktan kötülükten çekinmeye olan devamlı/değişmez bir kabiliyet ve meyli olması" gibi anlamlara gelir. Etimolojisinde ise "üstünlük", "iki sayı arasındaki ayrım" ve "artan, çoğalan" gibi kök anlamları gizlidir.

Merak etmeyin, bu yazımda sizi Osmanlı Türkçesi ağırlıklı kelimelerle boğmayacağım! Aslında, eşsiz güzellikte bir kelime olan "erdem"i kurtarma çabasındayım. Neden mi kurtarmalıyım "erdem"i? Çünkü *-benim gibi-* bazı eski kelime severler, türetme ya da tarama yoluyla dilimize kazandırılan Türkçe kelimelere karşı, ezbere; yani kökeninde ne olup bittiğini bilmeden ve anlamadan düşmanlık yapmaktalar!

Gelin hep beraber "erdem/fazilet"i incelemeye alalım...

Önce bir soru: Bu kelimenin ilk hecesi olan "er"in,

acaba "erkek" anlamındaki "er" ile bir ilgisi var mıdır? Öyle olduğu takdirde, kelimenin kökeninde: "erkeğe ait has bir tavır" olduğu anlamı çıkar ki bu da bizim başımızı "Amazonlar"la belaya sokar! Ama bakın bu arada, "dem" gibi bir nispet *(ilgi, bağlılık, mensubiyet)* eki kazanmış olduk!... Kısa günün kârı!

Karşılaştırma yoluyla kelimelerin köken anlamları kolaylıkla bulunabildiğine göre, kadim dillerden Latince bu iş için biçilmiş kaftan demektir: Latincede, "fazilet/erdem"in karşılığı "virtus"tur ve bu kelimenin ilk hecesi olan "vir" de "erkek" demektir. Bu kez tam on ikiden vurduk gördüğünüz gibi!

Size *-amiyane tabirle-* son bir güzellik yapayım: "Tanrıdem"i de "ilahi" kelimesine karşılık olarak kullanın. Çok genç yaşta bizi bırakıp atalarının yanına giden büyük filolog Suat Yakup Baydur'un *(1912-1953)* da "tanrıdem" kelimesini kullandığına tesadüf ettim geçenlerde...

O dediyse doğrudur!

31!

Bir sohbet esnasında, "31"le başlayan bir söz duyup da -*dudakları hafifçe kıvrılarak*- çevresine müstehzi bir bakış fırlatmayan Türk erkeği (*kadınlara bulaşmayayım: onlardan hep korkmuşumdur*) pek azdır. "Ne alakası var; o senin kafanın 'grekoromen stil'de çalışmasından ibarettir" diyenler konumuz dışındadır. Terbiyeli "apartman çocukları" için ayrıca "Hamamın namusu" ana başlıklı yazılar yazarım; merak etmesinler!

Anlaşılan o ki "Ben terbiyeyi terbiyesizlerden öğrendim" sözü misali, benim gibi düşünenlerle devam edeceğiz yolumuza... İşin enteresan tarafı, "31"in ne anlama geldiğini bilmeyen olmadığı gibi; nereden geldiğini bilenler de -neredeyse- iki elin parmakları kadardır! Bu noktada, Hoca Nasreddin'e kulak vermenin tam zamanıdır: "Bilen(*ler*), bilmeyen(*ler*)e anlatacak!"

Anlatayım...

Bu yazının özünü kolaylıkla anlayabilmeniz için, önce kilit bir kelimeyi açıklamalıyım: "Ebced". Sami dillerinde (*Arapça, İbranice gibi*), her "harf"in bir sayı değeri olarak karşılığı vardır. (Rakam ve sayıyı karıştırmayın sakın:

1'den 9' kadar olanlar rakam, bunların oluşturduğu birimler de sayıdır.) Diyelim ki "Osmanlı Türkçesi"nde kullanılan harflerle, o gün hizmete giren bir cami -*ya da medrese-* ile ilgili bir beyit/mısra yazılıyor ve bu beyitteki/mısradaki harflerin sayısal değeri de o eserin açılış tarihini veriyor?! İşte bu derinlikli ve zarif edebi sanata: "ebced düşmek" deniyor. Sanımca ve kanımca, "ebced"i anladık...

Ben okurlarımı tanırım: hâlâ anlamayanlar var! Onlar için bir-iki örnek daha: "İşi 66'ya bağlamak" diye bir söz duymuşsunuzdur. "Allah" kelimesindeki harflerin (*sağdan sola elbette: "a", "L" [iki tane] ve "h"*) "ebced" değerinin toplamı (*a=1, L= 60 [iki tane çünkü] ve h= 5 [ikinci elif için bir değer verilmez]*) "66"dır ve "İşi 66'ya bağlamak" da zaten o işi Allah'a havale ederek sağlama almak ya da işin gereğini yaptıktan sonra, gerisini Allah'ın takdirine bırakmak anlamına gelmektedir.

Hadi bir örnek daha vereyim...

"On iki iki delik/Abdülmecid oldu melik."

"On iki"= 12

"İki delik": 00 (*"0": Arap rakamlarında "5"in [sıfır'ın] karşılığıdır.*)

Birleştirirsek: "1255".

Şimdi de 1255'e, "Rumi" ile "Miladi" takvimin arasındaki fark olan "584"ü ilave edelim; yani, 1255+584 = 1839

Sultan Abdülmecid'in 1839 tarihinde tahta çıktığını da bilin artık: el insaf!

"31"i anlatmak o kadar kolay ki: Arap elifbası ile "el" yazıyorsunuz ve "ebced" karşılığı size "31" sayısını veriyor?!

Sevgili okur, bunu da bilmek lazım; çünkü, insan ne yaptığını bilmeli!

BURNOTİ

"Enfiye"den bahsedeceğim size bugün... Aman yanlış anlamayın, hiç kimseyi bu keyif verici maddeye özendirmek gibi bir niyetim filan yok! Sözlükler, "Buruna çekilen çürütülmüş tütün tozu" olarak tanımlıyor enfiyeyi... Özellikle eski devirlerde, keyif ehillerinin pek rağbet ettiği bir madde olduğu bilinir... Buruna çekilerek kullanıldığı ve sık sık hapşırmaya sebep olduğu için de insanı rahatlattığı iddia edilir... Bu kelime, köken olarak Arapça "enf"ten gelir. (*Enf, Türkçede koku alma organımız olan "burun"a tekabül eder.*)

Sırası gelmişken, bu keyif veren maddenin Arap toplumlarında kullanılan ismini de yazayım ki yazımın başlığı da boşlukta sallanıp durmasın: "Burnoti". Yani, "burun otu"! Biz onlardan bir kelimeyle (*enf/enfiye*) tanımlamışız, Hekimbaşı Emir Çelebi'yi IV. Murad'ın gazabına uğratan bu tozu; onlar da bizden bir kelimeyle (*burun/burnoti*): pek hoş bir alışveriş doğrusu!

Emir Çelebi'nin hikâyesini de başka bir gün anlatırım... Siz, siz olun, böyle şeylere iltifat etmeyin sakın! Zaten nereden bulacaksınız?!

DİJİTAL

Modern zamanların bilgi havuzunda kulaç atanlara pek aşina bir kelimedir "dijital"...
Güncel Türkçe Sözlük (*Türk Dil Kurumu*), "dijital" kelimesi için -*anlamca*- bakalım ne diyor:

1. *Sayısal*...
2. *Verilerin bir ekran üzerinde elektronik olarak gösterilmesi*...

Bu tanımlamaları biraz açarsak, "Genel ve fizik verilerin -teknolojiden yararlanılarak- elektronik cihazların (aygıtların) ekranlarında çok az bir kuvvet/enerji harcayarak görülebilmesi" diyebiliriz.

Kelimelerin anlam genişlemesinin, hudut tanımaz ve "serdengeçtivari" bir süratle yayıldığını biliyoruz. Burada da aynısı olmuş bakın; çünkü, Fransızcaya "digital" olarak geçen "dijit" kelimesi, köken olarak Latinceden gelmedir (*Sumer dilinde de "dilibad" var, "parlak, parlayan" anlamında*) ve "parmak" demektir. Bu arada, "daktilo" kelimesinin de Yunanca parmak anlamına geldiğini söyleyeyim ki neye/nereye ulaşmak istediğim açık ve seçik olarak anlaşılsın.

Sözün özü: "Dijital" sıfatı, bir anlamda da elektronik ortamda yapılan işlemlerin kolaylıkla -*hatta bir parmak hareketiyle*- görülebildiğinin ve uygulanabildiğinin anlatımıdır. Gerçi, başlı başına bir yazı konusu olan "daktilo"yu da bu arada kaynatmış ve bir yazıyı "iki parmak"la yazmış oldum ama neyse...

Onu yapamayanlar da var!

KERTERİZ - GPS

Başlıktaki her iki sözün anlamını da bildiğinizi farz edersem, bu yazı iki-üç cümlede bitiverir. Buna pek ihtimal vermediğim için, her ikisini de (*özellikle "kerteriz"i*) etraflıca anlatmakta fayda görüyorum...

GPS'in (*Global Positioning System [Küresel Konumlandırma Sistemi]*) anlamını bilenlerinizin sayısı hayli kalabalıktır; ama yine de kısaca açıklayayım: Uyduya aralıksız olarak gönderilen sinyallerle, o an yeryüzünde nerede olduğunuzun (*konumunuzun*) koordinatlar yardımıyla tespit edilmesi, diyebiliriz kısaca; hem de en çok 1 metrelik bir yanılma payıyla... Şimdi de "kerteriz"in ne mene bir şey olduğunu anlatmam gerekiyor; çünkü -*sanımca ve kanımca*- bu kelimeyi bilenlerinizin sayısı çok azdır.

"Kerteriz" kelimesini, denizcilerin ve avcıların büyük çoğunluğu bilir. Yön bulmada ve hatta o an nerede olduğunuzun belirlenmesinde çok sıhhatli neticeler verir. Eski zamanların konumlandırma/konumlanma işini görür bir nevi. Handiyse "GPS" aygıtı! Evet, hemen hemen aynı işi yapmaktadır; ama "kerteriz" bir cihaz/aygıt/aparat değildir.

En iyisi, "kerteriz almayı" size bir örnekle anlatayım... Balık tutmak için sandalınızla kıyıdan açıldığınızı ve söz gelimi bin metre uzaklaşıp balığı bulduğunuzu farz edin. "Cuup" diye çapayı suya attınız ve mercan, karagöz vb. kaya balıklarını yemli oltayla çekmeye başladınız... Buraya kadar her şey harika görünüyor; lakin, herhangi bir sebepten dolayı geri dönmek zorunda kaldığınızı farz edin... "Yarın gelir yine aynı yerde balıkları toplarım nasıl olsa" diyebilmeniz için, "kerteriz" almasını bilmeniz gerekmektedir.

İkişerden Dört Nokta ve Sandalınız

"Kerteriz" nasıl mı alınır? Şöyle: "Yarın mutlaka tam bu noktayı bulabilmeliyim" dediğiniz yerden, karaya/kıyıya bakacaksınız evvela... Bulunduğunuz noktadan net olarak seçebildiğiniz bir yükselti, bir de kıyıdan bir noktayı belirleyip aklınızda tutacaksınız. Yükselti dediğim de mesela, tepelerde bir ağaç olabilir. Bu, şunun için önemlidir: Dünya'nın yuvarlaklığı, kıyıdan göremediğimiz; ancak uzaklaştıkça ve denize açıldıkça görebildiğimiz bir arazi yapısı sunar görüş alanımıza. (*Uzaktan gelen bir geminin önce dumanının/bacasının görünmesi gibi.*)

Bu da aynı zamanda, denize ne kadar açıldığımızı/kıyıdan uzaklığımızı verir bize. "Şu noktada, Hacı Salih'in tarlasındaki dut ağacının tepesini görüyorum" dediğiniz an, kıyıya kaç metre uzaklıkta olduğunuz sabittir artık; ama iş bununla bitmiyor elbette... Bir de istikametinizi sabitlemelisiniz. İşte o vakit de kıyıdaki bir evi ya da mesela iskelenin bir köşesini aklınızda tutmalısınız ki "kerteriz" almanız için gerekli olan ikinci malzeme de elinizde olsun (*ikinci noktamız da dut ağacının üst yapraklarıyla aynı hizada olmalıdır elbette*).

Şimdi de sıra, sağınızda ya da solunuzda bir diğer nokta belirlemeye geldi: Bu belirlemede de -*ilkinde olduğu gibi*- gene iki ayrı noktanın (*biri yükseklik diğeri de istikamet için*) birbiriyle aynı hat üzerinde olması gerekmektedir. Bu durumda, toplam "5" nokta üzerinden (*5. nokta da sizsiniz*) nispi bir geometrik uyum sağlamış olursunuz.

Lafa yekûn tutayım...

Bir gün sonra, aynı balık cümbüşü hayaliyle kıyıdan açıldığınızda sandalınızın burnu iskelenin tam sol köşesini gösterirken tepede (*aynı hat üzerinde olmak kaydıyla*) Hacı Salih'in tarlasındaki ağacın üst yapraklarını görüyorsanız ve sağ cenahta biri istikamet diğeri yükseklik için tespit ettiğiniz iki nokta da aynı çizgi üzerinde ise, artık kim tutar sizi!

Elinizi çabuk tutun; çünkü, güverte edilmeyi bekleyen balıklar pek bekletilmeye gelmez!

İMZA-MAZİ

Hemen her dilde, aynı köke sahip olmalarına karşın -*anlam genişlemesiyle*- ayrı kavramlar olarak algılanan kelimeler vardır: "imza" ve "mazi" gibi örneğin... Kavramsal ufkumuz, bu türdeki anlam gelişmelerine/ farklılaşmalarına olur vermese de yukarıdaki kelimeler birbirleriyle "kök kardeşi"dirler! Neye dayanarak böyle bir iddiada bulunduğumu kısaca açıklayayım ki eksik bir şey kalmasın: "Mazi" kelimesinin taşıdığı "geçmiş", "eskiye karışmış", "geçip gitmiş olan" vb. anlamlarını hepimiz biliriz. Peki, "imza" kelimesine ne oluyor da geçmişimize karışıyor; amacı ne ola ki! Onun da amacı, olsa olsa: "yazılanları geçmiş yapmak" olur.

"İmza"nın, herhangi bir belgenin (*mektup, makale, vb.*) altına, yazılanlardan sonra atılmasını, yazılanları geçmiş yapmasını ve onaylamasını düşünün önce... Sonra da... E, artık bunun sonrası filan kalmadı; okurlarım için bu kadarı yeterlidir...

Yoksa, siz aynı fikirde değil misiniz!

HAMARAT PROFESÖR

Bu yazıda size "hamarat" kelimesinin etimolojisini anlatacağım. Yanındaki "profesör"ün ne işe yaradığı da birazdan çıkacak ortaya zaten...

"Hamarat"ın Güncel Türkçe Sözlük'teki (*TDK*) anlamı şöyle: Çalışkan, becerikli, elinden iyi iş gelen.

Şimdi de "düncel" bir sözlüğe bakalım (*Osmanlıca-Türkçe Lügat*): Becerikli, elinden iş gelir, cerbezeli. (*Cerbeze'de olumsuz bir anlam [aldatıcı sözlerle kurnazlık etme] var gerçi ya neyse...*)

Gelelim kökenine...

Bu kelimenin, Arapça bir kökten türeyip dilimize geçtiğini düşünenler yanıldı! "Hamarat", köken itibarıyla (*sıkı durun!*) Latince bir kelime olan "emeritus"tan geliyor çünkü... (*Emeret-h-emeritis, hemeret/hamarat.*)

Ayrıca, "emeritus" kelimesinin anlamı da "hamarat"la aynı: "becerikli, başarılı"... Dilimize, Anadolu'da konuşulan Rumcadan geçtiği söyleniyor etimologlar tarafından. Bilindiği gibi, "h" sesinin başa gelmesi pek sıklıkla karşılaşılan bir durumdur: Ellen/Helen örneğindeki gibi mesela... Sondaki "us" da (*genetivum [ismin "-in" hali]*) bizdeki fiil kök ve gövdelerine getirilerek eylem anlatımı taşıyan isimler türeten isimfiil (*eylemlik*) eki olan "-ış, -iş, -uş, -üş"e tekabül eder ve görüldüğü gibi "hamarat"ta düşmüştür. Bu da sıklıkla olan bir durumdur: Herakleitos/ Heraklit, Herodotus/Herodot...

Şimdi sıra başlıktaki profesör'e geldi...

Ecnebi dillere hâkim olanlar ve küffarda ikamet eyleyenler bilir: "Emeritus Professor" nam bir unvan vardır, emekli olduktan sonra onursal bir "titre" (*"titr" okuyun*) olarak profesörlere verilen. (*Ununu elemiş ama eleğini duvara asmaya niyeti olmayanlara verilir elbette!*)

Tamam işte, profesör'ün orada ne işi olduğunu da anlattım... Meramımız çalışkan, azimli ve becerikli bir profesörü anlatmak değilmiş demek ki!...

Sonlamayı da Oğuz Atay'dan bir sözle yapayım: "Ekmek suyla undan ibarettir, maruzatım bundan ibarettir!"

HAYDA BRE!

"Hayda bre", Rumeli'de ve Ege'de sıklıkla kullanılan (*sadece bre söylenişine ise, İç Anadolu ve Ege Bölgesi ile Adana tarafında rastlanır*); ama etimolojisi kesin olarak bilinmeyen bir ünlemedir/seslenmedir.

"Bre", Anadolu'da konuşulan Rumcada "vre" şeklini almıştır. Etimologlar, bre'nin, onomatope (*onomatopée*) yani yansıma söz-tabiata öykünme olduğunu söylerler: hav hav, gıcır gıcır, efil efil vb. Bir de Farsça birader kelimesinin kısaltması olduğu şeklinde bir bilgiye ulaştım ki bu bana daha akılcı geldi.

"Haydi/hayda birader"in "Hayda bre"ye dönüşmesi hiç de zor olmasa gerektir. Mesela, türküde geçen "De, bre Hasan" (*de, söyle biraderim Hasan*) şeklinde geçen söz -*bozularak*- asıl ismi olan Dramalı Hasan'ı Debreli Hasan (*de-bre-li*) yapıvermiş! Enteresandır. "Bre" sözünün etimolojisini tam olarak veren pek bir bilgi olmadığı için, sözü şimdi de ona can veren "hayda/haydi"ye getiriyorum: Burada, ortaya iki farklı iddia sürebiliriz: Biri canlı, diri anlamına gelen Hay'ın Allah'ın sıfatlarından olması, diğeri ise (*çoklukla Balkanlarda görülür*) yüreklendirme ve meydan okuma anlamına gelen bir seslenme olmasıdır. İlkine, "Hay'dan gelen Hu'ya gider" (*Allah'tan gelen gene Allah'a gider*) sözünü örnekseyelim; diğeri için de Balkanlarda (*özellikle Bulgarlar ve Sırplarda*) bir ünleme olan "hajde/ajde/haydi"yi... Ayrıca, Balkanlarda beraberce/ortaklaşa bir şeyler yapılacağı zaman bu söze sıkça müracaat edilmesi de sanımca ve kanımca, "Hayda bre" ünlemesinin kökenini Balkanlara daha yakın düşürüyor...

Hayda Bre!

KALTAK

Başlığa bakarak, adaba mugayir bir konuyu işleyeceğimi sananlar yanıldı: tahmin ettiğiniz gibi değil! Size şimdi bambaşka bir şey anlatacağım... (*Ama denir ya "Dervişin fikri neyse zikri de oymuş"... Sizinki de o hesap!*)

Kaltak, "bir yerde oturmak", "gerilmek", "şaşırmak", "dibe çökmek", "sürüp gitmek" gibi anlamlara gelen, "kal" kökü ile "t-ak" ekinden oluşan Türkçe bir kelimedir. (*Ciddi etimologlar, Farsçaya da bizden geçtiğini söylüyorlar.*)

"Kaltak" kelimesi, "üzerine oturulan" ve "alta konan" gibi anlamlara da gelir. Bundan dolayı -anlam genişlemesiyle- "eyer" kelimesinin karşılığı olarak kullanılmaktadır: bir farkla ki "değersiz", "kalitesiz" ve "bol bulunan" bir çeşit eyer olan "kuskunsuz eyer" anlamında... (*Kuskun: Atın kuyruk altından geçirilen koşum kayışı.*) Bu kayışların takılmadığı/olmadığı eyerler, haliyle daha ucuz olur ve her yerde kolayca bulunabilir. "Kuskunsuz eyer=kaltak", bu sebeple olsa gerek "gözden düşmüş", "itibarsız" ve "orta malı (!)" gibi anlamları da beraberinde taşıyor ve nereye gitse yanında götürüyor... (*Bu "anlam genişlemesi"nin de sonu yok!*)

Anadolu'da halkın pek sık kullandığı "eşek eyeri" anlamındaki "kaltak", genişleye genişleye (!), kadınlar için ağır bir hakaret içeren kötü bir sıfat oluvermiş!

Sevgili okur, bakın kelimenin kökeninden hareketle sürdüğümüz iz, bizi gene halk arasında kullanılan anlamının yanı başına getiriverdi...

Sözün özü, ikimiz de haklıyız!

KANEPE

Eski Yunan halkının fiziki özellikleriyle ilgili bir tespitim var: "gözleri"... "Sivrisinek"e "uzunsurat" dediklerine göre, gözleri pek keskinmiş bu komşularımızın... Yüzlerce sene evvel sivrisineğin kafasına/suratına dikkatle bakıp inceleyerek bu doğru kanıya vardıklarına göre, tespitimde bir hata yok demektir.

"Kanepe" ve "sivrisinek"le başlayan bir yazının nasıl bir anlam bütünlüğüyle neticeleneceğini, en az sizin kadar ben de merak ediyorum doğrusu?! Neyse, azmin elinden hiçbir şey kurtulmaz, diyelim ve devam edelim...

"Konops/Khonopeion", Yunanca "sivrisinek" demektir. "Konos", "koni/mahrut" biçimli, "ops" da "yüz, surat" anlamına gelir. İleriki yıllarda ise (*mesela, Ortaçağ Latincesinde*) anlam genişlemesiyle "conopeum" kelimesi kullanılır olmuş; ama anlamı biraz değişerek: "cibinlikli yatak" karşılığı olarak... (*Cibinlik: Sivrisineklerden korunmak için yatağın üzerine tavandan aşağıya doğru gerilen tül. Cibin/çibin: Eski Anadolu Türkçesinde: "sivrisinek"*.) "Konops" ve "conopeum"dan "kanepe"ye ulaşmak pek zor olmadı gördüğünüz gibi. Gerçi günümüzde, sadece oturulan/yatılan bir ev eşyası anlamında kullanıyoruz kanepeyi: cibinliği attık; sıkıntıya gelemeyiz!

Toparlayayım...

Genellikle evlerimizin salonlarında -*televizyonun tam karşısında*- olan ve bazı akşamlar da üzerinde sızdığımız "kanepe", anlam itibarıyla "sivrisinek" kelimesinin Yunancasından başka bir şey değildir.

Bitmedi...

Petrol istasyonlarındaki pompaların üzerini kapatan devasa çatılara da "kanopi" denir... İnanmayan, bir petrol istasyonu sahibine/çalışanına sorsun: Ben buradayım!

KERATA

Seneler evvel, babamın bir dostu beni göstererek, "Vay kerata, ne çabuk büyümüş bu kızan beyav" dediğinde, "kerata" kelimesini garipsememe rağmen -*bir sevgi sözü olduğunu düşünerek*- pek de hoşuma gitmişti doğrusu... Nereden bilebilirdim ki dolaylı yoldan (*"boynuz" kelimesini telmih [anıştırma] ederek)* bana "arabulucu", "çöpçatan", "boynuzlu" demek istediğini?! Hoş, o da bu kelimenin etimolojisini filan bildiğinden -*kasıtlı olarak*- söylemedi elbette...

Çocukluk yıllarımdan kalan nükteli bir hatıramı kaydettikten sonra, şimdi de size şu "kerata" kelimesinin "ne mene" bir şey olduğunu anlatayım. (*Aman dikkat: Katiyen, tersten okunuşu bekâr evlerinin Şatobriyan'ı [Chateaubriand] olarak kabul gören ve "erkek erkeğe" yenen bir yemek olan "Men-e-men" değil!*)

Önce etimolojisi elbette...

"Kerata", Yunanca "boynuz" demek olan "khareton/keraton"dan gelip -*Anadolu'daki Rumlar aracılığıyla*- dilimize yerleşmiştir. Türkçede, yakın zamana dek "ayakkabı çekeceği"ne karşılık olarak kullanılırdı. Bunun sebebi de "kerata"ların eskiden yalnızca boynuzdan imal edilmeleri olsa gerektir.

Peki, bu kelimenin "boynuz" çağrışımı dışında: "aracılık etmek" ve "çöpçatanlık" gibi anlamlara gelmesinin sebebi ne ola ki? Bu çekeceklerin, "ayak"la "ayakkabı"nın arasına girip onların zahmetsiz bir şekilde bir araya gelmelerine ve birleşmelerine yardımcı olması, bence yeterli sebeptir ve başka bir sebep aramaya da hiç gerek yoktur!

Unutmadan: Sakın ola -*yaşlarının küçük olmasına bakıp*- çocuklar(*ınız*)a "Vay kerata" filan gibi sözler söylemeyin; çünkü, zamaneler internet marifetiyle kelimelerin kökenlerine de kolayca ulaşabiliyorlar artık...

Yoksa, durduk yerde mahcup olmak işten bile değil!

MAGAZİN

"Magazin" kelimesini duyduğumuzda, evvela "farklı konulardan söz eden resimli dergi" çağrışımıyla kucaklaşırız. "Magazin"in, kavramsal ufkumuza "magazin sanatçıları" bağlamında seslenmesi ise -*sanımca ve kanımca*- algıda seçicilikle anlamlandırılabilir sadece...

İsterseniz bir de etimolojik (*kökenbilim*) temelde inceleyelim bu kelimeyi; bakarsınız, günlük elbiselerinden sıyrıldığında bambaşka bir anlam yüküyle çıkıverir karşımıza...

Mağaza-Magazin

Günlük dilde "mağaza" kelimesini sıkça kullanırız. TDK'nin *Güncel Türkçe Sözlük*'ünde şu şekilde açıklanıyor bu telaffuzu zor kelime: "Eşya, azık deposu; büyük dükkân".

Deposunu yakıt yerine harflerle doldurduğumuz dil teknemiz, bakalım hangi dil limanlarına sürükleyecek bizi!...

Evvela şunu bilelim: "Magazin" kelimesi, Farsça "mağaza"dan bozmadır ("*bozma*" dediysek, *kullanılmaz halde değil canım!*) ve Batı dillerinde "birbirinden farklı ve ebat olarak küçük malların/ürünlerin saklandığı yer (*depo, ardiye*)" anlamına da gelmektedir. Burada, büyücek bir yerde kutu kutu/paket paket şey'lerin yan yana/üst üste dizildiğini getirelim gözümüzün önüne: bir dükkânın tedarik deposundaki mallar misali... Yukarıda da sözünü ettiğimiz gibi, bazı Batı dillerinde "magazin" (Hollandaca *yazılışı: "magazijn"*) denilince ilk akla gelen "ardiye"dir. (*Meraklısına: Ardiye, "ard [arka]" kelimesinden türemiştir ve ortalıkta durmaması gereken şeylerin yığıldığı odaya denir*).

"Magazin"in, İngilizce ve Hollandaca "şarjör" anlamında geldiğini de şuracığa yazıverelim ki bir eksiğimiz kalmasın. (*Bakın burada da fişeklerin/mermilerin üst üste dizili durması sözkonusudur.*)

Baksanıza, etimoloji nasıl da teknemizi dil deryasının ana limanına demirleyiverdi!...

Mağaza-Magazin-Dergi

"Magazin"in dergi/mecmua ile bağlantısını henüz kuramadık; ama birazdan hepsini -*tıpkı tespih taneleri gibi*- sıra sıra dizip anlam kumaşıyla sarmalayacağım, telaşlanmayın!... Gazeteler, duyurmak istedikleri haberleri -*olaylar örgüsü temeline bağlı kalarak*- geniş sahalarda işlerler; lakin, "magazin" de denilen "dergi"lerde durum daha farklıdır. Kaliteli kâğıt kullanılan ve genellikle ciltli olan dergiler -*gene haber içerikli olmakla beraber*- küçük bilgicikleri, okunması ve anlaşılması daha kolay olması için renkli, küçük bölümlerde/kutucuklarda sunarlar okurlarına... Tıpkı, ardiyedeki mallar, şarjördeki mermiler gibi: istiflenmiş halde, sıra sıra...

"Mağaza-Magazin-Dergi"nin hikâyesi böyle işte... Siz şimdi, "magazin" tadındaki bu yazımı bir "magazin sanatçısı"yla beraber, 14'lü "magazin" belinizdeyken okuyun; ama silah taşıma ruhsatınız yoksa gözlerden uzak bir yerde, mesela "magazin"de okuyun... Oralar daha tenha olur da!

MİYOPLARA MERCİMEK!

Başlıktan devam ediyorum: hipermetroplara da nohut! İşin "nohut" kısmı "kıtır atmak" içindi, itiraf ediyorum; ama "mercimek"ten vazgeçmeye hiç niyetim yok, bilesiniz!

Okumayı kolaylaştırmak için, evvela bir önbilgi: "Mercimek" İngilizce "lentil", Almanca "linse", Felemenkçe/Hollandaca "linze", Macarca "lencse", Bulgarca "lesta"ya (Леща) tekabül etmektedir. Latincesini de binominal nomenklatüre göre *(ikili adlandırma: cins ve tür)* yazayım: *Lens culinaris*.

Tamam, bitkibilim dersi bu kadar: hemen buhrana girmeyin!

Bu, aklımıza bin bir türlü şey getiren (!) telaffuzu hoş "mercimek" kelimesi, Farsça "merdümek"ten gelip yerleşmiştir, manayı tesadüfe bırakmayan bir kurallar bütününe sahip olan güzel Türkçemizin o engin söz yaylasına. Farsça "merdümek" kelimesi, "küçük adam" ve "gözbebeği" anlamlarının ikisini de göğüs cebinde taşır ayrıca... (*Bakın burada, Türkçenin ses ve mimari harikalı-*

ğı giriyor işin içine ve dümbelek'e benzeyen "merdümek", "mercimek" oluveriyor!)

Yanaşacağı limanı bilen bir denizci misali, Türkçe söz dağarının (*vokabüler*) "optik" kıyılarına bir hayli yaklaştık. Demek ki yukarıda gördüğümüz gibi, "lens" de"contactlens" de "mercimek"in küçük ve yuvarlak olmasından kinaye olarak -*pek hoş ve yerinde bir düşünceyle*- türetilmiş Batı dillerinde...

Başlıktan seslenerek miyoplara "mercimek" tavsiye etmemin, özel bir göz diyeti (!) ile en ufak bir alakasının olmadığı anlaşılmıştır umarım. Zaten, benim derdim başka: Mesela, "contactlens"e neden "mercimek" dememişiz/demiyoruz? Halbuki, gene "mecimek"ten türeyen "mercek"i senelerdir kullanıyoruz. Yoksa bu durumumuz, böyle teknolojik bir şey'i isimlendirmek için temel gıda maddelerimizden "mercimek"i küçük görmek filan olmasın! Küçüklüğünün/küçücüklüğünün bu ismi almak için kâfi derecede avantajına rağmen...

Dilbilimde bazı şeyler akıl almaz bir şekilde oluşur ve gelişir. Kimbilir, dil'in tarifindeki "keyfi veya nedensiz"lik ilkesi (*arbitrary*) belki bu gibi durumları da kapsıyordur? Baksanıza, adı üstünde: keyfi veya nedensiz!

MÜJDE!

"Hem kel hem fodul" deyimini duymayanınız var mı? "Hayır, böyle bir söz duymadım" diyenlerin müracaat edeceği yer belli: anneleri ve babaları. Onlar pek iyi bilirler bu sözün anlamını çünkü...

Neyse, başlamışken sonunu da getireyim: Bu söz hatalı, kabahatli ya da haksız olmaları yanında (*ki burada sözkonusu olan kendi yeteneksizlikleridir*), hatalarını kabul etmeyenlere ve üstüne üstlük haklı olduklarını savunanlara söylenir çoklukla...

Kel, Fodul, Fuzul

Kelimelerin sözlük anlamlarına bakalım evvela: "Kel", köken itibarıyla eski Türkçe bir kelimedir (*siz kulak asmayın Farsça [kal] ya da Rusçadan [golyı] köken arayanlara!*) ve anlam olarak vücudun kıllı yerlerinde üreyen bir tür mantarın, kılların dökülmesine yol açtığı bulaşıcı bir hastalığın ismidir. (*Sıfat anlamını bilmeyen yoktur ya gene de yazalım: "saçı dökülmüş kimse".*) Arapça bir kelime olan "fodul" ise "üstünlük taslayan, kibirlenen" anlamında bir sıfattır. Eğer bu kelime, "fodla" ile aynı kökten geliyorsa: değersiz, her yerde bolca bulunan vb. anlamlar içerdiği kaçınılmazdır. Çünkü "fodla", eskiden, imarethanelerde yoksullara/öğrencilere dağıtılan, kepekli undan yapılmış -*pideye benzer-* ve besin değeri düşük bir tür ekmektir. (*Yok artık, "hem"i de mi anlatacaktım?!*)

Bir de Bu Var

E peki, "Hem kibirli hem saçları dökülmüş" sözü ne anlama geliyor şimdi: Ülkü Tamer şiirindeki "... hem de şişman herkesten" göndermesi gibi!... Bir de ben size, "fodul"un "fuzul"den geldiğini ve bu kelimenin "yersiz, gereksiz" anlamı yanında, "fazilet/erdem" demek olduğunu söylersem! (*Ramadan'ın, dilimizde Ramazan olmasını düşünün; evet, biraz da düşünün!*) Hele bir de -eskiden- saçları dökülmüş olanların akıllı hem de çok akıllı olduklarına inanıldığını (!) ilave edersem... (*Günümüzde de böyle düşünenler yok değil hani!*)

Sanımca ve kanımca, anlaşmaya başladık... Demek ki bu söz: Hem "faziletli/erdemli" hem de -*saçları dökülmüş olduğu için*- "akıllı ve bilgili" anlamına gelmektedir.

Böylece, başlıktaki "müjde"nin de kime/kimlere verildiği anlaşılmış oldu!

MÜSAMAHA-TOLERANS-HOŞGÖRÜ

Başlıktaki kelimelerin her birini, günlük konuşmalarımızda -*farklı dillerden gelmelerine rağmen*- aynı anlamı yükleyerek kullanıyoruz. Oysa, ayrımına varılabilecek denli anlam zenginliği var bir tanesinde. Ne dersiniz, hangisini kullanalım yazı ya da konuşmalarımızda? *(Ben, "hoşgörü"yü kullanın" derim: gerek kulağa "hoş" gelmesi gerekse "kavramsal ufkumuz"a dopdolu seslenmesini öne sürerek...)*

"Müsamaha"yı ele alalım öncelikle: El kökenli olmasına karşın, çoğunluk tarafından kullanılan ve genel kabul gören bir kelimedir. Bir "hata"nın bağışlanması ya da belli bir sınırı aşmamak kaydıyla "göz yumulması"ndan öte neyi anlatabiliyor dersiniz? "... rağmen katlanacağız"dan öte bir anlam zenginliği var mı? Yanıt açık: Yok! "Müsamahakâr davranmak" derken de zaten, yüklendiği anlam gene bu kadar!

"Tolerans"ı çok mu farklı sanıyorsunuz? Hayır, o da "müsamaha" ile kulvar birliği yapar yapsa yapsa!... Ayrımında mısınız acaba, çoklukla nerede çıkar karşımıza "tolerans" kelimesi? Ben söyleyeyim: İlaçların kullanım tarifelerinde (*prospektüs*), sık sık "tolere edilme" diye bir ibareye rastlarız. Bu söz, ilacın etkili maddesine karşı bünyemizin direnç sınırlarını belirtmek için kullanılır. Demek ki "tolerans" kelimesi de daha çok "sınırlama", "dayanma", "katlanma" gibi birbirine koşut anlamları içeriyormuş!...

"E, ne kaldı bunlardan başka" diye soracak olursanız: "Hoşgörü, ne güne duruyor" derim. Bu kelimenin, doğrudan kalbimize ve ruhumuza seslendiğini nasıl göz ardı edebiliriz! Yapılan bir hatayı bağışlama yolunda hiçbir zorlanma ve sıkıntı göstermeyen ve bunda dahi bir hoşluk bulabilen pek sevimli bir kelime "hoşgörü". Söyleyene, "Ağzına sağlık" diyesiniz geliyor âdeta... İsterseniz siz de evvela "hoş" ve "görü" olarak ayrı ayrı değerlendirin bu sözü; sonra da "hoşgörme" bütünlüğüyle sunun, "düşün dünyanız"ın o apaçık yaylasına...

Benim kararım kesin, "hoşgörü" denmeli!...
Ya sizce?...

MÜSEVVİD – MÜBEYYİZ

"Müsevvid", Arapça "seved" kökünden gelip, "kara/ siyah" demek olan ve "Osmanlı Türkçesi"nde çokça kullanılan (*özelikle Hariciye'de [Dışişleri'nde] halen kullanılmaktadır*) bir kelimedir. Bir yazının taslak çalışmasını, "karalama"sını yapan demektir, en kestirme anlatımla...

Diyalektik'in (*ilm-i cedel/eytişimsel*) hilafına (*zıddına, tersine*) iş yapmak ne haddime: şimdi de "siyah"ın karşıtı olan "beyaz"ı sıkıştırıvereyim satırlarımın arasına: "Beyaz" kelimesi, dilimize Arapçadan girmiştir ve kök anlamı da "süt" demektir. "Mübeyyiz"deki "b-y-z" ünsüzleri size bir şeyler söylüyordur umarım! Siyah renk nasıl olumsuzluk, kararsızlık, sıkıntı vb. durumları anlatmada çokça kullanılan bir sıfatsa, "beyaz" da bir o kadar: temizlik, açıklık, şeffaflık, iffet vb. durumları anlatmada kullanılan bir sıfattır.

Demek ki "mübeyyiz", taslak halinde olan "kara"lamayı "beyaz"a çeken oluyor bu durumda. Diğer bir söyleyişle yazıyı temiz'e çeken, yazıya son halini veren.

"Siyah" ve "beyaz"dan yola çıkarak, iki "ıstılah"ı

("*terim*"i) açıklama gayretinde oldum bu yazımda. Anlatımda anlaşılamayan bir durum varsa, kusur/kabahat bu satırların yazarındadır: o kesin! Yani, bu yazıyı baştan kurgulayarak yeniden yazmakta hiçbir çekince duymam!

Eski Fransa Cumhurbaşkanı Charles de Gaulle, bir konuşmada cümlesini bir türlü toparlayamamış ve bunun üzerine, şöyle seslenmiş vatandaşlarına: "Diline âşık Fransız halkından özür dilerim; cümlemi baştan alıyorum!"

Bu söz, gerek yazarken gerekse konuşurken hiç aklımdan çıkmaz da!...

NOSTALJİ

Dillere pelesenk/persenk olan bir kelime "nostalji"... Hemen herkes, hemen her durumda yerli-yersiz kullanmaya gayret eder bu kelimeyi... Mesela, yıllar evvel beraber okuduğu sınıf arkadaşlarıyla *(hem de doğup büyüdüğü şehirde/ülkede)* toplanıp bir-iki şarkı söylemenin ve o günleri anmanın adı "nostalji" olabiliyor ne hikmetse! Böyle bir şey söylemek, kelimenin anlam içeriğine ihanet etmektir esasında...

Neden mi?

"Nostalji" kelimesi, gerek köken itibarıyla gerekse anlam genişlemesiyle bu türde bir anlam bütünlüğü vermez/veremez; çünkü, bu kelimenin kök anlamından gelip yüzümüze vuran anlam rüzgârı, bambaşka bir limanı işaret etmektedir. Bakın, şimdi de "nostalji"nin etimolojisini anlatmak farz oldu.

Anlatayım o zaman...

Yunanca "nostos", "dönüş" demektir; "algos" da "keder/acı". Demek ki bu iki kelime birleştiğinde: "doyurulmamış bir dönüş arzusu"nu haykırmaktadır düşün dünyamıza. (Kelimelerdeki anlam zenginliğini kavramsal ufkunda hissetmek isteyenler, bu yazının devamını merakla okuyacaktır; bundan eminim. Ben de zaten, onlara yazıyorum!) Hemen burada, "nostalji"nin Osmanlı Türkçesindeki karşılığını da yazmak gerekir ki bir eksiğimiz kalmasın: "daüssıla" (*meraklısına: dâ'-üs-sıla*). Ayrıca, "Bugünkü Standart Türkiye Türkçesinde karşılığı nedir" diyenleri de duymadım sanmayın: "yurtsama/yurt özlemi".

Bu bilgiler ışığında hâlâ, geçmişteki herhangi bir hatırayı "nostaljik" olarak değerlendiren olur mu bilemem! "Geçmişi anma" deyin, "Maziyi yâd etme" deyin ya da "Eski günlere özlem duyma" deyin; ama "nostalji yaptık" gibi anlamsız bir söz söylemeyin lütfen! "Yurdundan uzakta kalmak" gibi bir durum sözkonusu değilse eğer, "nostalji" kelimesi yerinde kullanılmıyor demektir.

Sözün özü, geçmişi anarken sıla özlemini hissetmiyorsanız kesinlikle "nostaljik" bir durum sözkonusu değildir.

Bu da böyle biline!

ORNAMENTAL

"Ornamental" kelimesi, Latince "ornamentum"dan gelir ve eskiden bir işe yarayan; ama günümüzde sadece süs işlevi gören şeyler için kullanılır. "Süs"ün İngilizcedeki karşılığı "ornament", Fransızcadaki ise "ornement"tir. *(Meraklısına, "ornament-süs" için kısa not: Bu kelime, 1388'den itibaren süs ve dekorasyon maksatlı kullanılır olmuştur. Fiil olarak kullanılması ise 1720'lere tekabül eder.)* Tamam, etimoloji dersi bitti!... Sıkılmayın hemen! İsterseniz, bu kelimeyi açımlamak *(tavzih, paraphrase)* için bilinen örneklerin üzerinden yol alalım...

Yırtmaç

Günümüzdeki ceket, palto ve pardösülerde "etek, parça veya kol yeninde dikilmemiş uzunca açıklık" anlamına gelen "yırtmaç"ın, eskiden çok gerekli bir işlevi vardı: Ata binmek *(spor ve hobi [düşkü] için yapıldığında ise "at binmek" denmelidir)* için gerekliydi mesela... Çünkü, giysinizin bütünlüğü bir ayağın üzengiye oturtulmasına ve diğer bacağın havalanarak eyere sarılabilmesine müsaade etmez. (*Eski devirlerdeki hanımların pantolon giymediklerini ve at'ın terkisine yan olarak oturduklarını getirin gözünüzün önüne...*) İşte bu sebeple, üste giyilen ceket, palto ya da pardösünün arkasında bir açıklık bırakılması zorunluluktu. Malumunuz, günümüzdeki "yırtmaç"lar ise sadece görselliğe yönelik olup birer süs olarak yapılmaktadırlar.

Yaka İliği

Çoklukla ceketlerin sol yakasında bir ilik vardır ve bu ilik, günümüzde sadece rozet ya da karanfil takmak için kullanılır. Oysa, eskiden onun karşısında kendisiyle kavuşmayı bekleyen bir düğme bulunurdu: Vakti geldiğinde, bu ikili usulca birleşir/kapanır, soğuğa ve rüzgâra karşı boynu-boğazı korurdu...
Bir tane daha...

Puro Etiketi

Puroların üzerinde bulunan ve o puronun markasını belirten etiket, ilk yapıldığı/yapıştırıldığı senelerde o markanın ismini vurgulamak ve tanıtmak için sarılmazdı. Takdir edersiniz ki eski devirlerde çatal-bıçak kullanımı her yerde yaygınlaşmadığı ve insanlar çoklukla elleriyle yemek yedikleri için, eller yağlanır ve içilen puro da bundan nasibini alırdı elbette... Yemek sonrası o Latin meltemini damağında hissetmek isteyen puro meraklıları, bu işin çaresini bakın nasıl bulmuşlar: Puronun ağza yakın bir yerine; yani puronun iki parmak ile tutulduğu yere bir şerit çekerek...

Hemen aklıma gelen birkaç örnek verdim; ama siz, gözlemlerinize dayanarak bu örnekleri artırabilirsiniz (*ama sakın arttırmayın: doğrusu tek "t" ile olandır çünkü*)...

ÖZDİL

Söz dağarımızdaki kelimelerin hepsinin -*kökleri, gövdeleri ve ekleriyle-* Türkçe olmasını kim istemez ki! Sadece Türkçe kökenli kelimelerle konuşmayı elbette herkes ister; ama böyle bir şey maalesef mümkün ve muhtemel değildir!

Her dil -*buna Soğdca, Latince, Sanskritçe gibi kadim diller de dahil olmak üzere-* bir başka dilden kelime almıştır ve almaktadır. Önemli olan, o dilin "kurallar"ını ve "ses"ini almamaktır. Zaten, bir dili mili yapan da o dilin "mimari"si ve "ses"idir. Hemen birkaç örnek verebilirim: Mesela, Fenike dilinde "aleph" olan kelime; Yunancaya "alfa", Arapçaya da "elif" olarak geçmiştir: hem de alfabelerdeki ilk harf olarak! İnce ve uzun bir çizgiden ibaret olan "elif": "düzgün"lüğü, "güzel"liği ve "tek"liği anlatır bize, bıkmadan usanmadan... Hatta "elif", kız çocuklarımıza koyduğumuz milli bir isimdir bizim için.

Bir başka kelime: "alay"...

Batılı dilbilimci Ernest Stein'e göre "alay" kelimesi, Doğu Roma (*sakın ola "Bizans" demeyin!*) ordu teşkilatındaki "allagiyon" kelimesinden geçmiştir dilimize. Bu görüşü kabul etmeliyiz; çünkü, büyük edebiyat tarihçimiz, dil ve tarih bilginimiz Fuad Köprülü de bu görüşü onaylamaktadır. "Alay" kelimesi, Latince kök anlamı olarak ordunun süvari birliklerinin kanatları/tarafları anlamına gelmektedir; "alae" ve "alarii" gibi imlaları/telaffuzları da vardır. Roma İmparatorluğunda, imparatorun yakınında bulunan askerlere verilen bir isimdir aynı zamanda. (*Osmanlı ordusunda, "4 tabur piyade" ya da "5 bölük süvari"den oluşan birliğin adıdır.*)

Demek ki Doğu Roma'yı fethederken, "allagiyon" kelimesini de fethetmiş ve ona kendi milli sesimizi vermişiz! "Alay" kelimesi, Türkçede sadece askeri bir terim olarak da kullanılmamaktadır: Fener Alayı, Surre Alayı, Âmin Alayı, Gelin Alayı, Sünnet Alayı gibi örnekler, ne denli zengin anlamlara bürünebilen bir kelimeyle karşı karşıya olduğumuzun en belirgin kanıtıdır. Kelimenin bir diğer anlamı da birisini neşe ve eğlence konusu yaparak onunla eğlenmek, onu "alay"a almaktır...

Son vereceğim örnek de -*harika bir türetmeyle*- halk tarafından "alaylı" kelimesinin yaratılmasıdır. "Alaylı" kelimesi, bir kişinin mesleğinin ustalık mertebesine, o meslek kolunun akademik eğitimini görmeden, sadece ananevi usta-çırak yetiştirilmesiyle ulaşabilmesi anlamına gelir.

İki kelime üzerine kurduğum bu yazıdan, şöyle bir sonuç çıkarabilirim: Halkın kullandığı ve benimsediği kelimelerle oynamak doğru değildir; güzel Türkçemiz engin tecrübesiyle, hangi kelimeyi bünyesine alacağını çok iyi bilir! Ayrıca, Türk dilinin etrafındaki koruyucu ağlar öyle bir mükemmellikle örülmüştür ki bu ağların deliklerinden nelerin geçip nelerin geçemeyeceği de aşağı-yukarı bellidir.

Yeter ki kaş yakarken (*eskiden göz'e "yakı" yapılırdı ya!*) göz çıkaranlar bozmasın bu koruyucu ağ düzeneğini; gerisini, bu muhteşem dil halleder zaten, merak buyurmayınız!

PARANTEZ

(Ayraç)

Bu yazıyı -*dile sevdalı olanlarla paylaşmak amacıyla*- size doğru uçuruyorum... Zamanında, Muallim Naci (*1850-1893*) ve Ahmed Haşim (*1885-1933*) de fıkra, makale ya da bir mektubu birilerine ulaştırmak için "uçurmak" fiilini kullanırdı. Bugünlere ne kadar da yakışan bir söz değil mi? Yazılar, bir göz kıpmalık zamanda elinize/ekranınıza geliveriyor. Eskiden "söz" uçardı, şimdi ise "yazı" uçuyor! Hem peşrev yapmış olduk hem de büyüklerimizi andık; iyi oldu. Evet, konumuz "parantez"...

Cümlenin kuruluşu ile ilgili olmayıp cümlenin ya da içindeki kelimenin anlamını açıklayıcı bir niteliğe sahip olan bu yay biçimli işaretin Osmanlı Türkçesindeki karşılığını öğrendiğimde, takdir dolu bir şaşkınlık yaşadığımı hatırlarım. (*Meraklısına: "parantez" kelimesinin kökeni Yunanca olup dilimize Fransızca "paranthèse"den geçmiştir.*)

Türkçesi "ayraç" olan "parantez"in Osmanlı Türkçesindeki karşılığı "kulameteyn"dir ve o da "tırnak kesiği" demek olan "kulame"den gelir. Yani, "iki tırnak kesiği". (*Osmanlı Türkçesinde, "iki kalem"e de "kalemeyn" denir; sondaki ek "çift" yapar.*) Tırnaklarını hilal biçiminde kesebilme becerisine (!) sahip olanlar, iki tırnak kesiğini dik ve birbirlerine bakar durumda, yani simetrik (*bakışımlı*) olarak düşünsünler bir an için: Evet, soldaki kesik "aç parantez", sağdaki de "kapa parantez" oluyor gördüğünüz gibi...

Sizi, tırnaklarınızı keserken bile "dil" üzerine düşünmeye zorladığımın farkındayım. Ne dersiniz, iyi mi yapıyorum yoksa kötü mü? Fikrinizi, birkaç satır uçurarak benimle paylaşırsanız bunu da öğrenmiş olurum. Şimdilik, top sizde!

Mini pusula: *Aman yanlış anlamayın!... "Parantez" yerine "kulameteyn"i kullanın filan demiyorum; Türkçede "ayraç" gibi pek güzel bir karşılığı var: siz elbette onu kullanın. Belki ilerde ben de öyle yaparım; adım "köhne dilci"ye çıkacak, diye korkuyorum çünkü!*

PERKÜSYON

"Perküsyon", birbiriyle ilgisiz mesleklerde ortak olarak kullanılan bir terimdir... *(Terim/ıstılah: Genellikle iki kelimenin birleşmesiyle oluşan ve bir bilim dalına ya da bir mesleğe ait özel kelimeler.)*
Tıptaki anlamına, sol elin orta parmağını vücuda dayayıp diğer elin orta parmağıyla üzerine vurmak suretiyle alınan sesten mana çıkararak yapılan tıbbi bir muayene şekli, diyebiliriz... *(Mesela, Mustafa Kemal Atatürk'ün hastalığına son teşhisi koyan büyük hoca Nihat Reşat [Belger], bu muayeneyi sol elinin dört parmağını da kullanarak yaparmış; Türk tıbbına büyük emekleri geçen ve Anadolu köylüsünün hayır dualarına mahzar olan Prof. Dr. Erich Frank ise iki parmağını kullanarak...)*
Şimdi, bu kelimenin ilk olarak kullanıldığı devirlere bir yolculuk yapalım...
Bu yöntemi ilk olarak, Fransa'da bir şarap imalatçısının devasa büyüklükteki şarap fıçılarının içinde ne kadar şarap olduğunu anlayabilmek için uyguladığı söylenir. *(Şarap imalatçısının oğlu da doktormuş! Hoş bir tesadüf*

doğrusu.) Bir elinin ayasını fıçıya koyup diğer elinin parmaklarıyla fıçıya yaslanmış elinin dış yüzeyine darbeli bir şekilde vururmuş Dionysos'un torunlarından biri. İçinde ne kadar şarap kaldığını anlamak için fıçıyı "tık"layan Fransız köylüsü, acaba düşünebilir miydi aynı yöntemin, ciğerde biriken su ve hava miktarını tespit etmek için tıp biliminde de kullanılacağını? Düşün(e)mezdi elbette; nasıl düşünsün ki!

Sırada müzik var...

Müzikle haşır neşir olanların pek de iyi bildiği gibi, Batı dillerindeki "percussion" da aynı kökten gelmektedir. En kestirme tanımıyla, bir müzik aletine vurarak ses çıkarmak, diyebiliriz. (*Kelimenin kök anlamı Latince, "vurarak ses çıkarmak"tır zaten.*)

Sözün özü, farklı mesleklerde farklı amaçlarla kullanılan bir kelime olan "perküsyon", hayatımızın birçok yerinde bizimle beraber yaşamakta...

"SALI SOHBETLERİ"NDE "FINDIK" MEVZUU

Felemenk diyarından bir hatıra: Salı Sohbetleri...

Her salı akşamı olduğu gibi, geçen salı da "Salı Sohbetleri" ekibiyle (*Salı Beyleri*) yazlık karargâhımızda toplandık: muhabbet ikliminde bilgi devşirmek için...
"Salı Sohbetleri" de ne mene bir şeymiş, diyenlere bir açılım yapmanın vaktidir (*bu "açılım"ı, zararlı açılımlarla bir tutmayın sakın!*): Bu puslu Felemenk diyarını bilgiyle renklendir(*ebilmek*)mek için, yaklaşık bir sene evvel Burhan Bahçeli, Harun Ölmez, Ersoy Şehrin, Aziz Yüksel ve ben, haftanın belli bir günü aynı mekânda sohbet etmek üzere kavilleştik. (*Sadece, yazlık ve kışlık mekânlarımız farklı.*) İlk sohbetimizi salı akşamı yaptığımız için de bu oluşuma "Salı Sohbetleri" dedik. Zaman içerisinde kimler katılmış aramıza, şöyle bir bakalım isterseniz: Anavatan'dan iki kez sohbetimiz için gelen ve babasından daha yakışıklı olduğu konusunda herkesin hemfikir olduğu Hakan Ölmez, son dört sohbete aksatmadan katılan (*katılım periyodu çok mühimdir!*) Ozan Dereli, mekânı ışıklarla dol-

sun "Kâmil ağabeyimiz"in bankacı oğlu Can Balcıoğlu, Makedonya'dan gelip sohbetimizi şereflendiren Anıl Aktaş, konulara farklı açılardan bakmayı bilen Atilla Erdoğan ve en gencimiz, "Deniz Kurdu" lakaplı Necati Genç...

Neler mi konuşuyoruz?...

Edebiyat, dil, sosyal ve siyasi olaylar yanında, tatlı tatlı da dedikodu yaparız *(özellikle saatler ilerledikçe)*... Bir akşam bakıyorsunuz ki "Salı Beyi Aziz", almış koltuğunun altına Cahit Külebi'nin bir şiir kitabını ya da 1955 senesi Milliyet gazetesi arşivinden 5 orijinal nüshayı (!) gelivermiş...

Mesela, Şeyh'im, dediğim "Salı Beyi Burhan" hemen her sohbette hazır bulunur ve "blackberry"siyle *(kesin yanlış yazmışımdır!)* Hz. Google hizmeti görür sağ olsun... Tek o işi yapmaz elbette; o güzel Türkçesiyle pek akıcı-duygulu şiirler okur ve eflatun ton ton bulutlarda gezdirir bizi...

Bazı akşamlar da bu kelime Yunanca, Yunanca olmasına; ama acaba kökeni nedir, diye takıldığımız olur... Başvurulacak adres belli elbette: "Salı Beyi Ersoy", bildiği birçok dilin yanında tam bir Yunan dili ve edebiyatı uzmanıdır. Alır kalemi eline ve sadece o kelimenin anlamını, kökenini anlatmakla kalmaz, Yunan alfabesiyle güzelce yazar da arşivimizde saklamamız için... Haliyle, bir dil şölenine dönüştürüverir masamızı...

Şiir, dedim de söylemezsem noksan kalacak: "Salı Beyi Harun", her sohbetimiz için özel olarak kaleme aldığı "metafor harikası" şiirleriyle ve her biri muhabbetin şahikası olan hatıralarıyla -*Can Baba'nın tabiriyle*- "rengâhenk" boyar, kristal peymanelerle "Şerefe üstadım" dediğimiz muhabbet masasını...

Sıra geldi bana...

Ben de konuşurum elbette; hatta, beni tanıyanlar bilir, çok da konuşurum! Tarih ve dil'le ilgili herkesin bildiklerini döner döner her salı akşamı anlatırım da bir Allah'ın (cc) kulu çıkıp "Bunu biliyoruz canım" demez; **çünkü**, "Salı Beyleri"mizin her biri masa terbiyesine hâkimdir, her biri zarif nüktelerin has adamıdır!...

Lafa yekûn tutayım...

Geçen salı akşamı, "fındık" üzerine bir güzelleme yaptık ve bana da bunun etimolojisini sizinle paylaşmak düştü, gördüğünüz gibi... Halbuki, Türk dili üzerine akademik eğitim alan bir üyemiz var: "Ozan Dereli".

Neyse... Bizde, görevden kaçmanın cezası büyüktür; altından kalkılamayacak yaptırımlarımız vardır! Ben de bu sebeple, baktım ki kıvıracak saha da yok zaman da... Ayrıca, yukarıda saydığım isimlerden -*Türkçe konusunda* zerre kadar üstünlüğüm olmamama rağmen, sırf köşem var, diye üstlendim bu işi: "Salı Beyleri" bağışlasın artık beni beyav!

Ekibi tanıdınız artık, sıra geldi "fındık"a...

Şu "fındık" denen ağaççık ve sert kabuklu meyvesi -*ne hikmettir bilinmez*- kişioğlunda sürekli "dekolte" (*kelimeyi, zarf anlamıyla kullandım*) çağrışımlar yapar! Mesela, "fındıkkıran", "fındıkkurdu" ve "fındıkçı" gibi sıfatlar, çoklukla oynak/cilveli hanımlar için söylenegelmiştir yıllardan beri...

Sevgili okur, "fındık" kelimesinin etimolojik olarak "dünyalar güzeli Türkçemiz"e hangi dilden gelip yerleştiğini biliyor musun? Anlaşıldı, Allah'a şükür pek bilen yok?! Ben biliyorum ve bu bilgiyi hemen sizinle paylaşabilirim; çünkü, bilgi paylaşılmasına rağmen eksilmeyen bir şeydir...

"Fındık", dilimize Yunancadan geçmiştir (*anladınız değil mi kimden öğrendiğimizi!*) ve kadim Helen dilindeki karşılığı "Karüa pontika"dır; yani, "Karadenizli ceviz". (*Yunancada "Pontikon karion" [Pontus cevizi] olarak geçer ve "Pontikon karion", ilk kelimenin ikinci "o" harfine, ikinci kelimenin ise "a" harfine vurgu yapılarak okunur.*) Zaman içerisinde, "ceviz" anlamındaki "karüa" kullanılmaz olmuş ve bizim "fındık", yoluna sadece "Karadenizli" sıfatı olan "pontika"yla devam etmiştir...

"Pontika"dan "fındık"a uzanan etimolojik yolculuğun serencamı da şöyle: "Pontus'tan gelen" anlamındaki "pontika" evvela "pontik", sonra da Arapçada "p" sesi "f" ile karşılandığından, sırasıyla "fontik", fundik", funduk" ve nihayet "fındık"! (*Arapça ve Farsça alıntı kelimelerde, "f>p" [>b] değişmesi vardır.*)

"Fındık"ın etimolojisini Arapça "bunduk"tan (*Arapça "küçük yuvarlak taşlar", "yuvarlanmış çamur" demektir*) getirenler de vardır; ama, "fındık"ın Araplara "bunduk" İranlılara da "funduk" olarak bizden geçmesi, akla daha bir yakın gözükmektedir.

Evet, "fındık" kelimesinin etimolojisinin uzun ve meşakkatli yolculuğu üzerinden "Salı Sohbetleri"mizi de tanıtmaya çalıştım size bu yazımda... Bakalım, haftaya kim alıp da masamıza bir torba fındık koyacak?

Merak ediyorum doğrusu!...

TERBİYE

Konuşurken ya da yazarken kullandığımız kelimeler, "anlam genişlemesiyle" bambaşka biçimlere girebilmekte, bambaşka anlamlara bürünebilmektedir. Bir başka söyleyişle: Bazı kelimelerin dilimize girmesiyle "büründüğü anlamı" yanında, bir de kendi dilindeki "kök anlamı" vardır *(bu durum, genellikle el kökenli kelimelerde görülür)*. Her zaman ayrımına varamamakla beraber, kelimenin her iki anlamını kullandığımız da olur zaman zaman...

Sözgelimi, "terbiye" kelimesi bunlardan biridir. Dilimizde, "terbiye" kelimesini eğitim, görgü, alıştırma *(idman, antrenman)*, iyileştirme vb. anlamlarda kullandığımız gibi: terbiyeli adam, terbiyeli çocuk vb. sıfat tamlamalarında da kullanırız. Oysa, Arapça "rübüv" kökünden gelen bu kelime, kendi dilinde: beslenme, büyütme, geliştirme ve sulayıp yetiştirme gibi anlamlarla yüklüdür.

Sanırım, üzerine iki de yumurta kırarak yemeğin "terbiye" edildiğini bilmeyenimiz yoktur! Mesela, "Terbiyeli Köfte". Bu yemek acaba eğitimli, görgülü, antrenmanlı (!) bir yemek midir; yoksa, kendi dilindeki kök anlamıyla mı kullanılmaktadır yıllardan beri annelerimiz tarafından? Bence ikincisi; çünkü, yumurta ya da limon ile bir yemeği terbiyelemek, onu -*bir anlamda*- geliştirmek ve zengin bir hale getirmek demektir.

Gördüğünüz gibi, dil konusunda da anne-babalardan öğrenecek daha çok şey var. Bu kaynağı iyi değerlendirelim...

SEPA

Hemen her evde, genellikle oturma odalarında bulunur. Üzerine -*gerek o akşam okunacak bir kitap (dizüstü bilgisayar da olabilir) gerekse şık bir örtüyle güzelleştirerek*- biblo, vazo vb. konulabilen dizayn harikası modelleri de vardır. *(Ahşap olanları yanında [makbulü masif olanlardır], cam-metal kurgulamasıyla ultra modern "üçayak"lar teknolojik bir hava da verir odanıza.)* Yorgunluk atmak için, kimi zaman bir köşesine ayaklarımızı uzatıvermemiz de cabasıdır...

Hayır, merak etmeyin: ne ben yazım hatası yaptım ne de siz bu ev eşyasının ismini yanlış biliyorsunuz! Bildiğimiz "sehpa"dan söz ediyorum; ama bir farkla ki bu kelimenin etimolojisini anlatabilmek için böyle bir giriş yapmak zorunda hissettim kendimi. Farsça "se", üç sayısının karşılığıdır; "pa" da (*"a"yı uzun okuyun*) ayak anlamına gelir yine aynı dilde... (İlk heceyi, tavla bilenler hemen hatırladı bakın!) Demek ki zamanla araya bir "h" harfi girmiş *(diller arasında, böyle harf eklemeleri ve çıkarmaları olur bazı kelimelerde)*: Alın size "sehpa/üçayak"!

Kullandığım bir eşyanın anlamını, hangi dilden geldiğini ve hatta kökenini bilmek bana ayrı bir haz verir. Belki benim gibi kelime takıntısı olanlar bulunur, diye yazmak, sizinle paylaşmak istedim: hepsi bu!

ENTERVAL, OKUL, SINAV

Batı kökenli kelimelerin içyüzlerini anlamak ve çıplak hallerini görmek için, soyunma odalarına gireceğiz bugün: bakalım, soyunduklarında da aynı anlamlara mı geliyorlar?

Mesela, Fransızcadan dilimize giren bir kelime olan "enterval/interval"i kullanarak hava atanlar bilirim. *(Özellikle bilimsel konularda sıklıkla kullanırlar.)* "Aralık" deseler olmaz sanki! Eskiden kalma olmasına rağmen, "fasıla" bile daha iyidir: en azından anlaşılır! Olmaz; illaki "enterval" diyecekler! Kök anlamını bilerek kullansalar canım yanmayacak *(hoş, o zaman da kullanmazlar zaten).*

"Enterval", "intervalle"den gelmedir; önce bunu bir kenara yazın. Tam ortasında da bir bağlantı yeri var, onu görebildiniz mi peki? "Inter-valle" olarak yazarsam, görürsünüz... Şimdi, kelimenin üzerindeki pırıltılı elbiseleri atalım yavaş yavaş... "Inter", Latince "arası" demektir, "valle" de "kazık" demek olan "vallum"dan gelir. Bu kelimeye karşılık olarak "kazıkarası" desek ne olur dersiniz? Yok canım, kazığa filan oturtmazlar; ama "Ay ne kaba" filan demekten de geri durmazlar hani...

Sırada "okul" var...

Bazı kelimelerin kökenini öğrendiğimde: "Yok daha neler" diyerek ayağa fırladığımı hatırlarım. "Okul" kelimesinde de az şaşırmadım doğrusu... "Okul" anlamına gelen ve Fransızca bir kelime olan "**école**", Latince "schola"dan; o da Helen dilinde "schole"den gelmedir. Kök anlamını şuraya yazıvereyim, siz de şaşırın biraz: "Boş vakit"?! Anlam genişlemesine bakar mısınız, nerelere varmış!

"Sınav"la devam edelim...

Bir de şu "imtihan" demek olan "examen" var. Onu da kuliste elbiselerinden sıyırıp tüm çıplaklığıyla karşımıza alacağız; ama hakkını teslim edelim, anlamca doğru yeri işaret ediyor. Fransızca bir kelime olan "examen", Latince "examiner"den gelmedir ve anlamı da "terazinin dili" demektir. (*Eski tip, çift kefeli pazarcı terazilerini canlandırın gözünüzde.*) Anlaşılan o ki Fransızlar, imtihanda/sınavda karşısındakileri tartıyorlar. Bizim "imtihan"ın kök anlamı mı? Onu da yazayım: "mihnet, zahmet, eziyet"! Kimi terazileyip dengeliyor, ölçüp biçiyor; kimi de sıkıntıya sokuyor geleceğin sahibi olan çocukları/gençleri...

Şimdi gel de "sınamak, denemek/tecrübe etmek" anlamına gelen "sınav" kelimesini başının üstünde taşıma!

TAKTİR-TAKDİR

Başlıktaki kelimeler, imlanın ne denli önemli olduğuna işaret eden harika bir örnek sergilemektedir. Özellikle, "Bir harfi yanlış yazsam ne değişir ki" diyenler, bu yazıyı dikkatle okumalı... Bir harfi yanlış yazmak, her zaman önemli olmayabilir; ama bu gibi durumlarda... Aman dikkat!

Köken itibarıyla Arapça bir kelime olan "takdir": "beğenme", "değer biçme", **"önemini-değerini anlama"** ve "Allah'ın olmasını istediği şeyler" gibi anlamlarla yüklüdür. "Taktir" ise, köken olarak gene Arapça olmakla beraber: "damla damla akıtma", "imbikten çekme" vb. anlamlara gelmektedir (*günümüz Türkçesindeki karşılığı*, *"damıtma"*; *Fransızcası*, *"distillation"*). Kelimeler harflerle inşa edildiği/kurulduğu için, kelimelere ilave edilen her harf (*ya da ek*), başka başka anlam denizlerine sürükler bizi. İşte bu sebeple, "Bir harfi yanlış yazsam ne çıkar bundan" denmemelidir.

Mesela, beni -*ya da yazılarımı*- "takdir" ederseniz pek sevinir ve hatta pek de kıvanırım; ama "taktir" ederseniz, inanın ne yapacağımı şaşırırım?!

TAV

Dünyanın en anlaşılır, en güzel, en melodik ve en matematiksel dili olan Türkçe ile yazıyor/konuşuyor olmak ne büyük bir mutluluktur, ne büyük bir kolaylıktır bilir misiniz? Elbette bilirsiniz canım, benimki de laf işte! *(Affedin: Söz dilden açılınca dünyam durur; heyecanlanırım. Hani, tabir yerindeyse, "kendimden geçerim"...)*

Tumturaklı bir giriş yaptım, farkındayım; ama her kelimesi gönül iklimimizde tatlı bir meltem estiren bu dil için azdır bile, inanın. Mesela, geçen gün "tav" kelimesi üzerine biraz kafa yordum ve dilimin zenginliği bir kez daha şaşırttı beni. Peşrevi biraz uzun tuttuğum için, "tav"ı anlatmaya ancak sıra geldi. Sizden saklım gizlim yok; ne biliyorsam aktarıyorum işte...

"Tav", köken olarak Farsça; ama bir kelime, geldiği dildeki kurallarıyla değil de "Türkçemizin kuralları"yla (*mesela, "ekleriyle"*) kullanılıyorsa bilin ki o kelime artık bizimdir (*o kelime Türkçedir, demiyorum*).

Tav Olmak

"Tav", genellikle toprak kelimesiyle beraber kullanılır: "Tavlı toprak" ya da "Toprak tava geldi" örneklerinde görüldüğü gibi. Demek ki kök anlamında, belli şartların oluşması ve olgunlaşması var. Bununla beraber, "Demir tavında dövülür" diye bir deyimimiz de vardır. Burada, hemen akla şu geliyor: "kızmak, kızarmak, kızgın olmak vb." anlamlar da mı var yoksa bu kelimede! Latife yollu bir yaklaşım olmakla beraber, bence var; çünkü, demirin tav'a gelmesi için ateşe tutulup kızdırılması gerekir öncelikle... İstanbul argosunda sıkça kullanılan ve bu savımı destekleyecek (çoklukla da kavgada geçen) "Beni tav etme" ya da "Bak, sana tav oldum; sonun kötü" gibi sözlerde geçen "tav" kelimesiyse, bambaşka bir kızgınlığı ifade ediyor. Anlaşılıyor ki "kızma/kızgınlık" ile yakın bir bağ sözkonusu. Az kalsın unutuyordum: Birini "tavlamak", onu "kandırmak" ya da "elde etmek" anlamında kullanılır... Gerçi, buradaki kızgınlık bir zaman sonra yerini hoş bir sıcaklığa terk eder ya (!) neyse...

Sonlamayı da yazımın girişine bir göndermeyle yapayım: Meramınızı, niyetinizi ve hislerinizi anlatabilmek için "mecaz ve deyim zengini güzel Türkçemiz"den daha mükemmel bir dil aramayın boşuna: öyle bir dil yok çünkü!

TEKNİK - TEKNE

Ekmek Teknesi-Teknik-Teknoloji

Sevgili okur, bu yazıda anlatmak istediğim, ne ana besinimiz olan ekmek ne de ileri teknolojidir!... Anlatmak istediğim bambaşka bir şey!

Evvela, "teknoloji"nin kelime anlamına bakalım: Güncel Türkçe Sözlük (TDK), bakın nasıl tarif ediyor bu kelimeyi: "Bir sanayi dalı ile ilgili yapım yöntemlerini, kullanılan araç, gereç ve aletleri kapsayan bilgi". Sözlük, "teknoloji" kelimesini Fransızcadan gelme olarak veriyor; ama onun da etimolojisine inerseniz, Yunanca: "tekhne" ve "tekhnos"tan gelmedir. Çokça kullandığımız "teknik" kelimesi de aynı köktendir. Kıyı kıyı kürek çekerek, bildiğimiz bir kelimeye doğru yaklaşıyoruz: "tekne"!

Şimdi de -*hazır sözlük elimizdeyken*- "tekne"nin anlamına bakalım:
    1. Türlü işlerde kullanılmak için genellikle ağaçtan ya da taştan yapılan, uzun ve geniş kap.
    2. Bir tür küçük deniz taşıtı.

Bildiğiniz gibi, anne-babalarımız tarafından bu kelime en çok "hamur teknesi", "çamaşır teknesi", "süt teknesi" gibi tamlamalarda kullanılır. Yani, içinde hamur yoğurmak ya da çamaşır yıkamak için kullanılan ağaçtan mamul bir çeşit kap. "Ekmek teknesi"ni duymayanınız yoktur umarım!

Lafa yekûn tutayım...

"Tekne" kelimesi, Anadolu Türkçesine Anadolu'da konuşulan Rumlardan -*halk ağzıyla*- geçmiş; Yunanca "tekhne" kökünden gelen "teknik" ve "teknoloji" kelimeleri de Anadolu Türkçesinde XIX. yüzyıldan itibaren -*anlam genişlemesiyle*- sadece sanayi alanındaki uygulamalar için kullanılır olmuştur.

"Teknoloji" kelimesinin, köken olarak "hamur teknesi/balıkçı teknesi"nden geldiğini öğrendiğimde pek sevinmiştim doğrusu... Bundan sonra -*sanımca ve kanımca*- "tekne-teknik-teknoloji" kelimelerini duyduğunuzda eminim siz de hafifçe gülümseyeceksiniz...

AZ MI ÇİLE ÇEKTİK!

Birçoğumuzun algı ikliminde yeri olan bir deyimdir "çile çekmek". Üzüntülü, sıkıntılı zamanlarımızı anlatır usulca... Acaba aranızdan kaç kişi bunun bir diğer anlamının da akla hayale gelmeyecek bir istikameti işaret ettiğini bilir?

Bilenler bilmeyenlere anlatsın, diyecek halimiz yok! Anlatacağız artık...

Yay Germek

Efendim, Osmanlı'da "çile çekmek" denince ilk akla gelen, "yay gerip kiriş çekmektir"; yani, "ok atmak". "Az mı çile çektik yahu" diyen biri, az mı kiriş çekip uzak mesafelere ok fırlattık, demek istemiş olur. Ok'un (*"ok"a, Osmanlı Türkçesinde "tir" denir*) tarihimizdeki önemi ve değeri ise, zaten hepimizin malumudur. Hatta, tıpkı kılıç gibi, "yay"ın incelik ve tılsımları da Avrupalılar tarafından hâlâ keşfedilememiştir. (*Meraklısına: Osmanlı'da okçulara "tirendaz", "tirzen", "kemankeş", "kavvas" ve "tirkeş" denirdi.*)

Çile

"Çile", yayın iki ucuna takılıp oku fırlatmaya yarayan ve sadece yarışma yaylarında kullanılan bir kaytandır *(saf ipekten imal edilir)*. Günlerce kaynatıldıktan sonra gölge yerde kurutulmaya bırakılır ve bükülerek ip haline getirilirdi. *(Harp yaylarında ise, "çile" yerine koyun ve keçi gibi hayvanların bağırsaklarından yapılan gayet kuvvetli bir ip kullanılırdı.)*

Sizi okçulukla ilgili özel bilgilere boğmaya niyetim yok; ama en azında "kepaze"yi bilmelisiniz (!) diye düşünüyorum...

Kepaze

Osmanlı'da, acemi okçunun hakiki yayı eline alabilmesi ve ok atabilmesi için, evvela eline -*yeni başlayanlar için yapılan ve yumuşak bir yay olan*- "kepaze"yi alması gerekirdi. Her gün 50'den başlayarak 500'e kadar çekip bırakılırdı bu yay: bıkmadan, usanmadan ve sabırla... Sonra da -*otuz gün boyunca*- ucu lastik benzeri toplarla *(ham kauçuk olsa gerektir)* kapatılmış oklar kullanılarak talim atışları yapılırdı: sabah 150 akşam 150 defa... "Çile çekmek" deyimi, bu sıkıcı talimleri anlatıyor olmalı. Okçuluğa yeni başlayan talebe, haftalarca süren yorucu, bıktırıcı ve meşakkatli talimlerden sonra -*belli bir seviyeye gelince*- şahitler huzurunda diz çökerek şeyhin önüne gelip yay'ını ve şeyhinin elini öperdi. Şeyh de "kabza"yı *(yay'ın, elle tutulan şişkince orta kısmı)* onun sol eline bırakır ve kulağına "kemankeşlik sırrı"nı fısıldardı.

Son bir şey daha...

İyi keman çalabilmek için iyi ok atmak gerektiğini (!) duyanınız var mı peki aranızda? Kemanda en iyi ses verme duruşunun, ok atma pozisyonundaki omuz ve sırtın duruşuyla aynı olduğunu yani...

Sevgili okur, bu kısa yazıdan anlaşıldığı gibi, "çile çekme"nin her iki anlamı da hayli zorluk ve sıkıntıya işaret ediyor. Dil iklimimizde sıklıkla kullandığımız bir deyimin bu yüzü de bilinsin istedim: hepsi bu!

TÜKENMEZ

Gelin size birkaç anlama gelen "şirin" bir kelimeyi anlatayım...
"Tükenmez" deyince, ilk akla gelen: "bitmek, tükenmek, gücü yetmemek" vb. anlamlardır. Sonra da hemen: "tükenmezkalem" gelir aklımıza. Hani şu, "bitmez, tükenmez" denilen; ama yazının en can alıcı yerinde bitiveren (!) kalemler. Ömrünün son demlerinde gömlek cebimize akıp giysimizi berbat etmesi de cabasıdır! "Tükenmez"in, pek bilinmeyen bir anlamı daha vardır: Bu "tükenmez", pek sağlıklıdır ve cana can katar?!

Hazırlanışı Kolaydır

Evvela, bir fıçı ya da küp alacaksınız. (*Topraktan mamul bir küp bulabilme ihtimaliniz bu devirde maalesef mümkün olmadığı için, siz gene plastik bidona "fit" olacaksınız elbette!*) Eğer üzerinde hazır bir kurna düzeneği yoksa, onu taktıracaksınız. İçini güzelce temizleyeceksiniz. Bu arada, mevsim meyvelerini irice dilimler halinde keseceksiniz; bunları, kurna düzeneğini hazırladığınız kaba atacak ve sonra da içini "lebaleb" su doldurup -*havaların durumuna göre*- bir hafta on gün kadar bekleteceksiniz. Yaz sıcaklarına meydan okuyan "âb-ı hayat" değerindeki meyve suyunuz hazırdır; afiyetle içebilirsiniz!

"E, nerede bunun 'tükenmez'le ilgisi" diyenleri kızdırmadan devam edeyim... Kim ki bu "nektar"dan bir bardak içer, aynı miktarda suyu üstten ilave etmelidir! Eksildiği/içildiği miktarda su ilave edilmediği takdirde, karışımımız zamanla koyulaşır ve ağdalı (*derişik, konsantre*) bir hale gelir. Meyve suyu kıvamını koruyabilmek için, bu ikmal sürekli devam etmelidir.

Alttan içilip üstten ikmal edilerek tüketilen (*ama tükenmeyen!*) bu lezzetli karışıma, "eski İstanbul Hanımefendileri"nin "tükenmez" demeleri işte bundandır.

ARKANI KOLLA!

Amerikan filmlerinde pek sık duyarız... Devriye polisi, tehlikeli bir durumda ortağına şöyle seslenir: "Arkanı kolla!"
Bu tabiri, standartlaşmış "dublaj Türkçesi" olduğu için -*ve bizim anlatım iklimimize uzak düşmesinden dolayı*- küçümser, komik buluruz...
Acaba öyle midir?...
Öyle olmasına öyledir gerçi; çünkü, "deyim ve mecaz zengini olan güzel Türkçemiz"de, bu gibi durumlarda kullanılan birçok farklı söz vardır; bu kesin!
"Tedbirli ol!", "Tedbirini al!", "Dikkatli ol!", "Pek dur!", "Sıkı dur!", "Sağlam bas!" vb. sözler, daha bir bize aittir. Gelin şimdi, "Osmanlı Türkçesi"nden yardım alarak biraz eskilere gidelim ve "tedbir" kelimesini inceleyelim. (*Belki de ambarları kelime dolu teknemiz hiç ummadığımız kıyılara sürükler bizi!*) "Tedbir" kelimesi anlamca, "bir şeyi önleyecek yol, çare", ya da "bir kötülüğü önlemek için önceden yapılan hazırlıklar" demektir. Köken itibarıyla da "dübür"den gelir. Evet, şimdi de "dübür"ün yüklendiği

anlamlara bakmak farz oldu: "kıç, makat, bir işin sonu, bir şeyin gerisi, arkası"... Şu işe bakın: Demek ki "Tedbirli ol" demenin, "Arkanı kolla" demekten hiç de farkı yokmuş!

İpten-kazıktan kurtulan Avrupalıların kurduğu ABD'ye -ve *kültür yoksunu halkına*- özenmenin hiç anlamı yok; "deyim ve mecaz zengini güzel Türkçemiz"deki anlam zenginliği yeter de artar bile!

GÜLER YÜZ TATLI DİL

Malumunuz, bu sütunlarda bazen bir deyimi -ya da sözü- bazen de bir kelimeyi inceliyoruz: gerek telaffuz (*söyleniş*) gerekse imla (*yazım*) yönünden yerleşmiş bir hata varsa doğrusunu hep beraber öğrenmek için... Peki, başlıktaki sözde ne var dersiniz! Yanlış bir anlam mı yükleniyor bu söze; yoksa, yazılışında bir hata mı var? Hiçbiri değil! Ama bir şey olmalı değil mi? Aksi halde, bugünkü konumuzu teşkil etmezdi...

Ne güzel, ne tatlı bir sözdür, "Güler yüz tatlı dil". Nasıl da anlamlı, nasıl da iyi niyet ve samimiyet kokan bir sözdür. Bazı insanlar böyledir gerçekten... Konuşurken ağzından bal damlayan, güldüğünde ise yüzünde güller açanlar vardır. İki özelliğin de aynı kişide olmasına pek rastlanmaz; ama böylesi de pek hoş olur doğrusu! Şimdi size, "Güler yüz tatlı dil" ile alakalı çok komik bir şey anlatacağım; daha evvel hiçbir yerde duymadığınız bir şey hem de! İddialı bir söz mü ettim? Olabilir...

Anlatayım, kararı siz verin...

Eskiden, seyyar arabasıyla çarşı-pazar gezerek ürününü satan, mottosu "Güler yüze tatlı dile gelin" olan bir meslek grubu vardı... Tezgâhında "kelle paça" ve "söğüş dil" satan adam, başka nasıl seslenebilirdi ki müşterilerine?!

Doğru söyleyin: Bunu daha evvel duymuş muydunuz?

LEB DEMEDEN LEBLEBİ!

"Leb demeden 'leblebi'yi bilir" ya da "Leb demeden 'leblebi'yi anladı çocuk beyav; helal olsun" gibi sözleri pek sık duyarız; duyarız da hiçbirimiz çıkıp "Nasıl olur böyle bir şey" diye itiraz etmeyiz...
Sizce olabilir mi böyle bir şey?
Bence mi?
El insaf! Hiç olmayacak bir şey varsa, o da "leb" bile denmeden "leblebi" kelimesinin anlaşılabilmesidir; emin olun!...
En azından ilk hece söylenmeli (*leb*) ama değil mi efendim! "Kes" denmeden "kesekâğıdı"nı anlamak gibi bir şey olurdu yoksa! Sizi ikna edebilmek için ne yapmalı, ne söylemeliyim acaba? İsterseniz, sözü daha da uzatmadan, size bir yakınımın -*medrese eğitimi zamanlarında*- başından geçen ibret verici bir hatırasını nakledeyim:
"Beşûş çehresinin altında hınzırlıklar gizleyen bir hocamız vardı. Gaddardı gaddar olmasına; ama bize hazineler kıymetinde ilim bahşettiği için, her zaman kendisini rahmetle anmış, adını da meymenetle zikretmişimdir.

Hâlen de ısırır gibi gülümseyen çehresi gözümün önüne geldiğinde hafifçe irkilir, toparlanırım ufaktan...

Bu zât-ı muhterem, fiil çekimlerini (*emsile*) tedris ettiğimiz bir ders günü, 'leb' diyerek bir şey söylemeye niyetlendi; ama ne mümkün! Dershânemizin pek bilmişlerinden Necmettin, hemen hamle etti ve 'Ey hâce-i bî-misal...' diye tumturaklı bir girizgâh yaparak, 'Leblebi, diyecektiniz değil mi Efendihocam?' dedi, şaşkın nazarlarımız altında... Biz hocamızın hiddetlenmesini ve refik-i mektebimizi bir güzel hırpalayarak, falaka destekli bir imtihandan geçirmesini beklerken; hocamız, bize hayat dersi verircesine ağır ağır tamamladı kelamını: 'Maalesef, 'leblebi' demeyecektim evlâdım.' dedi ve 'Lebîb olan lebbeste kalır icabında.' diyeceğini söyleyerek de son noktayı koydu! 'Zekî ve fatîn olanlar, gereğinde sükût etmesini de bilmelidir.' mânâsına gelen bu söz, benim için de âdeta bir hayat düstûru olmuştur"

Umarım, yanlış kullanıldığını iddia ettiğim bu söz -*yukarıdaki örnekle*- yeniden eski sıhhatine kavuşmuştur.

KABAK -BENİM- BAŞIMA PATLADI!

Bu sözü bilmeyeniniz yoktur, buna eminim... Fakat, nereden geldiğini (*hangi olaya bağlı olduğunu*) bilenlerinizin sayısı da pek kalabalık olmasa gerek! "Olan bana oldu" ya da "Cezasını/ceremesini ben çektim" türünden sızlanmalar olarak duyarız bu sözü çoklukla. Bir nevi hayıflanma vardır temelinde: "Bula bula beni mi buldu" demeye getirir, "kabak" başında patlayan; ayrıca, elinden bir şey gelmediğini de sezdirir bu sızlanmalar arasında... Neyse, sözü fazla uzatmayıp sadede geleyim. Eskilerin tabiriyle: Lafa yekûn tutayım...

Bu sözün çıkışına iki yerden ulaşabiliriz...

Birincisi: Eskiden, "küplü meyhaneler" varmış... Bade (şarap, mey), küpten susaklarla (*sukabağı*) alınır, kadehlere boşaltılır ve hemen küpün yanı başında da içilirmiş... Hatta bazen, küplerin dibinde kafayı bulup uyuyakalanlar da olurmuş... Özellikle, içki yasağı olduğu devirlerde (*mesela, Kanunî devri içki yasakları meşhurdur: 1538 ve 1562*), asesler (*gece bekçileri*) bu meyhaneleri basar ve küp dibinde içki içenlerin kafalarında paralarlarmış bu sukabaklarını!

İkincisi: Aynı meyhanelerde bazen de -*kimin kime vurduğu/saldırdığı belli olmayan*- kavgalar çıkarmış ve bu kavgalarda yukarıda sözünü ettiğim sukabakları havada uçuşurmuş... E, canım atılan/savurulan her zaman hedefi bulmaz ya: hiç kabahati olmayanların kafasında patladığı da olurmuş kimi durumlarda!

"Kabak -*benim*- başıma patladı" sözü, işte bu devirlerden kalmadır ve Osmanlı'daki meyhane kültürünün bir parçası olarak günümüze dek ulaşmıştır.

GÖBEK ÇATLATMA

Bu sözün, benim bildiğim iki farklı kullanım alanı var: birincisi, "Oldu ama becerene kadar da göbeğim çatladı" sözündeki gibi, bir zorluğu bir hayli zorlanarak yenmeyi belirten, ikincisi de dama oyununda kullanılan ve bir yerde toplu olan kuvvetleri dağıtmak için söylenen, "Göbeği çatlatmadan olmaz bu iş" ya da "Göbek çatlatmak lazım" gibi kullanımları olan anlamı...

Senelerden beri kafama takılan bu sözün dama oyunuyla ilgili kullanılmasına da Refi' Cevad Ulunay'ın, "işgal yılları"nın İstanbul kabadayılığını akıcı bir üslupla anlattığı *Sayılı Fırtınalar* isimli kitabında tesadüf ettim... Aklımda kaldığı kadarıyla anlatayım: Dama oyununda, rakibiniz eğer taşlarını/pullarını ortada bir yerde öbek halinde ve tahkim edilmiş olarak toplu tutuyorsa, tek yapmanız gereken o göbek oluşturan birliği dağıtmak/çatlatmakmış! Bu şekilde, rakibin birliğini-bütünlüğünü dağıtıp bozarak "göbek çatlatmış" oluyorsunuz ve birlik-bütünlük bozulunca da çözülme kaçınılmaz oluyor haliyle...

TAŞ ÇIKARMAK

Sıkça kullanılan bir deyimdir, "Taş çıkarmak"...
"Adam taş çıkardı yahu" ya da "Taş çıkardı, helal olsun" örneklerinde görüldüğü gibi... Hatta, "taş çıkarttırdı" şeklinde yanlış imla ile yazıldığına da şahit oluruz çok kereler. O, araya fazladan giren "t" harfine gerek olmadığının altını çizeyim hemen. Ettirgenlik/oldurganlık eki olan "t" (*dilbilimindeki adıyla, "faktitif"*), bir işin başka birisine "yaptırılması" durumunda kullanılmalıdır sadece. Neyse, konuyu merkezinden kaydırmadan, deyimimize dönelim yüzümüzü yeniden...

Sözünü ettiğim deyimi birçoğunuzun duyduğunu ve yerli yerinde kullandığını tahmin ediyorum; ama nereden geldiğini ve ilk olarak nerede kullanıldığını bildiğinizden şüpheliyim doğrusu! Eh, Nasreddin Hocanın dediği gibi, "Bilenler bilmeyenlere anlatsın" diyecek halim de yok elbette!

Ben sözümü tutarım; bakın, anlatıyorum: Bu deyim, "dama" oyununda sıkça geçer. Örneğin, bir oyuncu diğerinden çok güçlüyse ve her defasında o kazanıyorsa, şu teklifi yapar rakibine: "Muhterem, oyun bu şekilde zevk vermiyor; en iyisi ben bir-iki pulumu (*taşımı*) çıkarayım; bir-iki pul (*taş*) eksikle başlayayım oyuna; belki, o vakit oyun biraz dengelenir!" Bu yapılan -*anlaşıldığı gibi*- açık bir meydan okumadır! Rakip de buna cevaben ya "Evet, haklısınız" gibi bir şeyler söyler ya da "O da ne demek oluyor birader; senin karşında çocuk mu var sanıyorsun" şeklinde bir tepki gösterir... Malum, "yenilen pehlivan" muhabbeti!

Bir yazı daha böylece hitama erdi... Bir dahaki sefere, belki satrançla ilgili bir deyim ya da sözü anlatırım. Yeter ki sizde merak olsun!

Mini pusula: *Bu deyimin, "taş çıkartmak" hali de vardır; ama o, "yerden taş sökmeyi/söktürme"yi çağrıştıran bir zorluğu anlatmaktadır. Buradaki ise -naçizane- bu fakirin yorumudur.*

VERBA VOLANT

Ucundan kenarından dil'ine mürekkep bulaşanların bildiği ve sıkça kullandığı meşhur Latince sözün devamı da şöyle: "Scripta Manent". Müslüman mahallesinin salyangoz ithalatçısı değilim; Türkçesini de yazayım: "Söz uçar, yazı kalır"...

Bu söz acaba ilk zamanlarında da "Bir sözün kalıcı olmasını istiyorsanız yazmalısınız; aksi takdirde -*şifahi bir anlatım olarak kalırsa*- uçup gidecek ve gelecek nesillere ulaşamayacaktır" anlamında mı söylenmiştir?

İşte tam bu noktada itirazım var. Yok efendim, bu sözün günümüzdeki rasyonelliğini filan tartışacak değilim elbette... Lakin, Roma devri yazmalarının rulolar halinde korunduğu ve bu yazmaların müstensihler tarafından uzun ve meşakkatli mesailer harcanarak çoğaltıldığı düşünülürse; "söz", mağrur ve muzaffer bir edayla "yazı"nın önünde, hatta üstünde olmalıdır. (*Uçuracağım onu birazdan!... Az sonra!*)

Şöyle ki...

O devrin edebiyatında -*malumunuz*- noktalama işaretleri henüz kullanılmıyordu. Hal böyle olunca da metinler, sadece -*uzun süreli temrinler yapan*- belagat sahibi kişiler tarafından etkili ve güzel anlatım özelliği kazanabiliyordu. Bir başka anlatımla: Yazılanlar kâğıt üzerinde yapışıp kalmıyor, âdeta kanatlanıp uçarak meraklı ve istekli kulaklara ulaşıyordu. Böyle bir durumda övgü, "yazı"ya mı yoksa "söz"e mi olur, bir düşünün bakalım!

Bu savımı okuyan biri çıkıp "Bin yıllık sözün kavramsal istikametini tam tersine çevirdin; olacak iş mi bu" dese, inanın söyleyecek bir sözüm olmaz! Tevil (*kıvırtma*) filan değil; herkesin (*söz gelişi canım: tek başıma Don Kişotluk yapmıyorum burada!*) hafızasına o şekilde nakşetmiş olduğu için tartışmak istemem, anlamında söylüyorum. Meşhur olmuş ve "doğru"ların yerini almış "yanlış"lara karşı çıkmak ne demektir bilirsiniz!

Lafa yekûn tutayım...

Bu aykırı tavrımın güçlü bir dayanağı var; yukarıda da bahsettiğim gibi, tek başıma değilim! İlk gençlik yıllarında, iki sene (*dört sene, diyen de var*) boyunca Arjantinli edebiyat devi Jorge Luis Borges'e (*1899-1986*) kitap okuyarak (*Borges, görme kabiliyetini 1955'te yitirmişti çünkü*) edebiyat suyunu kaynağından içen biri hem de! Kim olduğunu söylemeyeceğim; beni affedin!...

Merak eden, araştırır bulur!

İMAMBAYILDI

Ben, Âli Osman diyarı Balkan elleri Sofular Nahiyesi Merkez Efendi Camii imamı Hacı Lütfü Efendi'yim. Allah'ın (cc) sevdiği kullarına nasip ettiği imamlık vazifesinden mülhem bir yemek ismi vardır, bilirsiniz: "İmambayıldı". İşte bu yemeğin isim babası Lütfü kulunuz, anası da helalim Hacer'dir.

Okuyacağınız satırlar da zaten, nasıl oldu da bu lezzet harikası yemeğe "İmambayıldı" dendi, onu anlatır...

İkinci olarak vazifeli gittiğim Mestanlar'dayken (*Hicri: 1200*) bir aralar bizim hatunla aramız açıldı! Yeni evliyiz, cami haziresinin arkasındaki meşruta'da kalıyoruz ve söylemesi ayıptır resmen kardeş ülke durumundayız; uzağız yani birbirimizden! (*Amanın ne zor şeydir bir bilseniz!*) Geçmiş zaman; ama şunu iyi hatırlıyorum: Aramızdaki soğukluğun sebebi benim değil, Hacerimin hatasıydı... Yufka yürekliyimdir; hatun kısmına el kaldırmak şöyle dursun, kaşlarımı bile kaldırmam!... Kızgın olduğumda tek yaptığım, döşeğimi kaptığım gibi ekmeğevi'ne (*ekmek evi, mutfak*) taşınmak olur. O vakit de gene öyle yaptıydım...

Lafa yekûn tutayım...

Aradan bir eyyam geçti... Bir gün -*bizimki hatasını anlamış olmalı ki*- Düvenci Hasan Efendi'nin küçük oğlu İlhan ile bana, camiye haber uçurdu, "Efendi bu akşam erkencecik gelsin, onu bir güzel doyurayım; hem de canı nasıl isterse" diye... Yahu, son günlerde her türlü taam şöyle dursun, karşılıklı çay bile içemiyoruz; ne devlet bu böyle! İçimde bir sıcaklık bir sıcaklık ki görmeyin gitsin!... Akşam namazını, yaşlı cemaati tıknefes edecek bir süratle kıldırdım ve eteklerim zil çalarak istikametimi eve doğrulttum... Ay yüzlüm beni kapıda karşıladı ve hürmetle içeri buyur etti. Gördüğüm manzara aynen şu şekildeydi: Yere serdiği sofra örtüsünün üstünde bir nihale, onun üzerinde bir tepsi ve tepside de daha evvel görmediğim ve işitmediğim bir tür patlıcan yemeği... Hem de etsiz! (*Et yemeyi pek sevmem; onu da düşünmüş bak kâfir!*) "Efendi" dedi, "Et sevmezsin bilirim; ben de düşündüm taşındım ve hem midemizi sarsın hem de gönlümüzü, diyerek bu yemeği uydurdum. Hadi gel sırtını şu mindere yasla da ağız tadıyla yemeğimizi yiyelim."

Allah Allah, et sevmem sevmesine de etsiz patlıcan yemeği olacağını da aklım almıyor bir türlü... Kuvvetli bir bismillah çekip helalimin parıldayan gözlerine bakarak ekmeğimi patlıcanın tam ortasına büyük bir tecessüsle bandırdım. Allah (cc) sizi inandırsın, ilk lokmayı yeni yutmuştum ki başımı kâinattaki yıldızların nizamı gibi döner vaziyette, vücudumu da eflatun tonton bulutların üzerinde buluverdim!...

Sonrasını hatırlamıyorum: Bayılmışım!

Hamiş 1: Sofular Nahiyesi'nden Hacı Lütfü Dağlızâde'nin terekesinde bulunan bu elyazması, "İmambayıldı"nın ilk olarak nasıl ve kim tarafından yapıldığına güçlü bir kanıttır.

Hamiş 2: Bu yazı tamamen bir kurgudur! (*Allah [cc] yazanı/uyduranı affeyleye!*)

DİLBERDUDAĞI

Sülalesinin Kafkaslardan gelen namını âdeta bir İstiklal Madalyası gibi kalbinde taşıyan Ajibalardan Ramazan Bey, göğe değen dağların eteğinde yer alan ve yeşilin en güzel tonlarıyla bezeli memleketinin hülyalı bakışlı hanımefendisi "Dilber Hatun"u hüzünle hatırladı... İlk gençliğinde kalbine sevgi mührünü vuran güzel gözlerini, güneşe ya sen doğ ya da ben, diyen teshirli simasını; rüzgâra, bir iş yaptım nihayet, dedirten dalgalı saçlarını ve mevzun ve alımlı endamı yanında maharetin en yüksek notunu almaya aday ellerini hatırladı... Kalbi yandı gene!... Ne çok özlemişim o güzeller güzelini Yâ Rabbi, dedi tek kendisinin duyacağı bir sesle...

Saray Günleri

Ramazan Beyin ataları, Kafkaslardan Anadolu'ya gelen büyük göçün fertleriydi... Her biri, Kuzey'in bilgi ve estetik temelli maharetlerini taşıdılar yurt edindikleri Adapazarı havalisine. Gün geldi, evlerinin mutfağında pişen "Abısta", "Çerkeztavuğu", "Harşıl", "Sızbal", "Acıka", "Ahulçapa" vb. yemeklerin mide'ye ve ruh'a şifa veren lezzetlerini tanıtmak istedi "Âli Osman Diyarı"na Ajiba Ramazan... Bunun yolu açıktı elbette: Saray'a girmek! Girdi de... Sultan Abdülaziz'in, "Bu Cennet taamını yapan güzel eller kimindir" yollu iltifatlarına dahi mazhar oldu. Şakirt, tablakâr, hamurcu, kalfa ve ehil aşçı gibi unvanlardan sonra, Matbah-ı Hümâyûn'da "Baş Aşçı" oldu nihayetinde... "Kuşhane"lerde (*özel yemeklerin yapıldığı küçük, yayvan tencereler*) yapılıp Sultan'a giden yemekler onun ellerinden çıkıyordu artık... "Matbah-ı Âmire"nin gözbebeğiydi!...

O Dudaklara Benzesin!

Lezzet Ustası, mesleğinin zirvesine geldiğinde onlarca usta aşçı yetiştirmişti... Yaşlanmıştı da... Artık tek isteği vardı: İlk gençlik yıllarından beri rüyalarını süsleyen "Dilber Hatun"u hatırlatan -*ve kalıcı olan*- bir yemek icat etmek! Düşündü, düşündü... Nihayetinde, en azından ne tür bir mutfak mamulü yapacağını/yaratacağını buldu: "Tatlı" yapmalıydı!... "Tatlılar tatlısı Dilber"i anısına bir tatlı... Ama nasıl?

Ramazan Bey, her akşam rüyasında kendini eflatun ton ton bulutlar üzerinde gezdiren eski sevgilisinin alev gibi yanan dudaklarına benzer bir tatlı yapmalıydı. Bu tatlı, lezzet olarak da şekil olarak da "Dilber"inin dudaklarına öykünerek yapılmalıydı. Çok düşündü ve binlerce tecrübeden sonra son şeklini verdi tatlılar tatlısı "Dilber"inin

dudaklarına bire bir benzeyen tatlıya... Olmuştu, olmuştu da... Sanki bir eksik vardı; daha doğrusu bir şeyler tam oturmamıştı ayrılık ateşliyle yanan yüreğine. Eski bir sevgiliydi sözkonusu olan, küllenmiş bir aşk idi...
"Evet" dedi, "Malzemelere 'kül' de ilave etmeliyim! Ancak o zaman küllenen bir aşkı resmedebilirim: 'Dilber'ime olan hasretime denk gelecek şekilde..."

İlk ve Son Lokma

Son halini verdiği tatlıya uzun uzun baktı... Şimşir kaşığın keskin kısmını, "Dilber"inin dudaklarına benzer bir şekilde istekle açılan (*âdeta bir şamfıstığı gibi*) tatlının ortasına koydu ve üst ile altdudağı özenle ayırdı. İlk lokmayı almak üzereydi ki kalbi -*şiddetli top atışları misali*- gümbür gümbür atmaya başladı!... Gözünün önünde sadece, Nart Dağlarının eteklerindeki meyve bahçeleri vardı artık... Belli ki ruhu hakiki huzura merhaba, diyordu... Büyük âşık -*kalabalığa karışırken*- "Dilberdudağı"ndan ilk lokmayı almış; ama bu lezzet harikasının tadına varma keyfini bize hediye etmişti...

Sağ olasın, Ajibalardan Ramazan Bey, sağ olasın!... Bundan böyle bu tatlıyı her yiyen, kendi "Dilber"inin dudaklarına bir buse kondurmuş gibi olacak sayende... Bilesin ki az şey değil bu yaptığın!... Cihan mutfağının kapısına yazıldı ismin artık: hem de altın harflerle!

[SIC]

Batı dillerindeki imlada, köşeli/kırık parantez içine alınan "SIC", "Alıntının içerdiği imla ya da gramer hataları aktarırken yazanın hatalarını aynen aldım; bunun sorumluluğu benim değildir" anlamına gelir. Bir de -*gene buna yakın olarak*- "Bu imla genel kabullerle örtüşmüyor; ama ben bunu böyle yazıyorum" demektir.

Mesela, "Yahya Kemal'in san'at [sic] anlayışındaki en mühim nokta" ibaresindeki "san'at" kelimesi, TDK'nin Yazım Kılavuzu yanında, Dil Derneği'nin Yazım Kılavuzu'nda ve Ömer Asım Aksoy'un başkanlığında hazırlanan Ana Yazım Kılavuzu'nda da bu şekilde geçmemektedir. Nedir, yazar bunu -*herhangi bir sebepten dolayı*- eski imla ile yazma gereği hissetmiştir. Edebiyatımızda bu şekilde bir uygulama olmamasına rağmen; yabancı bir metinde tesadüf ettiğinizde, "Bu ne yahu" dememeniz ve bu konuda bilgi sahibi olmanız için belirtmek istedim sadece... (*Malumatfuruşluğumu, ukalalığıma değil, cehaletimin cesaretine verin lütfen!*)

Peki, bu kelime nereden geliyor?

Evvela, şu Latince sözü bilmek lazımdır: "Sic transit gloria mundi!..."
"Böyle geçer dünyanın ihtişamı-Dünyadaki gücün de şanın da geçicidir!..." manasına gelen bu söz, yeni seçildiğinde Papa'ya (*Romalılarda ise İmparator'a*) söylenirdi. (Bizde de bunun bir benzeri vardır: "Mağrur olma padişahım, senden büyük Allah [cc] var!...")
Kelime kelime karşılıklarını yazarsam eğer, mevzu hemen anlaşılıverecektir: sic, "böyle"; transit, "geçmek-gitmek"; gloria, "ihtişam"; mundi, "dünya".
Biraz da teknik bilgi: Latince kelimenin aslı uzun "i" harfi ile -*transkripsiyona göre*- "sīc" şeklinde yazılıyor ve İngilizcedeki "seek" kelimesi gibi okunuyordu; ancak, zamanla sick" (/'sık/) şeklinde okunmaya başlandı. Bazen Batı dillerinde -*hatalı olarak*- bu kelimenin bir kelime grubunun akronimi (*akronim/acronym: majör harflerden oluşan, bir kelime gibi okunan kısaltma [UNESCO, TÜBİTAK]*) olduğu düşünülür.
Bu kelime gruplarına örnek olarak İngilizce "spelling is correct" (*yazılış doğrudur*), "spelled incorrectly" (*hatalı yazılış*), "same in copy" (*kopyada da aynı*), "spelling intentionally conserved" (*yazılış kasten muhafaza edilmiştir*), "spelling included" (*yazılışı kapsar*), "said in context" (*metinde öyle yazılı*) ve Fransızca "sans intention comique" (*espri amaçlı değildir*) verilebilir.

HALK ETİMOLOJİSİ

Gelin size bugün "Halk etimolojisi"ni anlatayım. Anlatayım ki "bilek" ile "yüzük" kelimelerinden "bilezik"i üretebilen olağanüstü kabiliyete sahip milletimin dil konusunda da nasıl yaratıcı olduğunun altını (*hatta, üstünü de*) kalın bir kalemle çizmiş olalım bir kez daha...

Genelde dünya, özelde ise Alman edebiyatının büyük düşünce adamı Johann Wolfgang von Goethe'nin (1749-1832) harika bir sözüne yol verelim evvela: "Kavramların eksik olduğu yerlere kelimeler yerleşiverir."

Lafa yekûn tutayım...

Ahalinin, bir kelimenin kök anlamını bilmemesinden ve hançeresinin de bu kelimeyi doğru telaffuz etmesine müsait olmamasından ya da o kelimeyi yanlış anlamasından dolayı yeni bir kelime üretmesine, "Halk etimolojisi" diyoruz. Tek kelimeyle açıklamam gerekirse: "Yakıştırmaca".

İlk örneğimiz "Solfasol"...

"Solfasol", Ankara'nın eski semtlerinden birinin ismidir. Ayrıca, Hacı Bayram Veli'nin doğup büyüdüğü semt olduğu için de Ankaralılar için çok önemlidir. Bu, notalardan oluşan isim de nereden çıktı, dersiniz? Bu konuda birçok şey söylenir; ama biz en çok dillendirilen iki tanesini alacağız sütunumuza.

Bir rivayete göre, vakti zamanında bu semtte bir "bando mızıkacı"nın yaşadığı (!) söylenir. Bunun hiç de akla yakın bir şey olmadığını siz de anlamışsınızdır. "Solfasol", "Zülfazıl (*çok faziletli*)" kelimesinin belli bir süreçten geçerek ve Türkçemizin şiirsel nağmelerle örülü yapısına uygun olarak halkın hançeresinde aldığı son haldir. Belki aranızda merak eden olmuştur; şu işin aslını anlatıvereyim: Vakti zamanında, şehre (*Ankara'ya*) bir buçuk saat mesafede bulunan Zülfazıl Köyü'nde akan ve halk arasında "Sulfasol/Solfasol" adıyla anılan bir dere varmış: "Zülfazıl Deresi". Ankaralılar, hançerelerine uygun olmayan bu telaffuzu zor kelimeyi bir şekilde uydurarak ve harika bir yakıştırma yoluyla kolayca söyleyebilecekleri bir hale sokmuşlar: "Zülfazıl>Sulfasol>Solfasol"...

*****

Bu işler biraz dikkat ister, karışıktır, evvela hazmedeceksiniz; beş yıldızlı mola vermem ondandır!

İkinci örneğimiz, "su basman/su basmanı": Ucundan kenarından inşaat işlerine bulaşanlar bilir bu sözü... En basit şekilde, "Binanın kaide görevi yapan alt bölümü" diyebiliriz. "Bu yükseklikten itibaren su basmaz (!) artık" diye düşünen bazı aklıevvel müteahhitlere bakmayın siz. Bu söz, "su basmasın" anlamına değil de "zemin altı" anlamına gelir. Bakın bu da enfes bir halk etimolojisidir.

Özce, Fransızca "soubassement" kelimesinin telaffuzuna tekabül eder tamı tamına: "soubassement>su basman>su basmanı"...

Söz ilmikleriyle anlam kumaşı dokumak da buna dense gerektir!

ANEKDOTLAR/FIKRALAR

Bu bölüme iki "imla-noktalama" yazısıyla girelim...

AYRI MI YAZALIM BİTİŞİK Mİ?

* Yer ve konum bildiren ismin "-de" hali eki bitişik (*Necip dün akşam bende kaldı.*), "dahi" anlamına gelen ya da bağlaç görevi yapan "de" ise ayrı yazılır (*Ben de bu akşam Necip'te kalacağım.*)

* İsimlere eklenerek yer ve zaman bildiren sıfatlar türeten "-ki" eki bitişik (*Bu sabahki maçı kolayca kazanırız.*), bağlaç görevi yapan "ki" ise ayrı yazılır (*Olmaz ki, böyle de yatılmaz ki!*).

* Türkçede "ki", anlamı vurgulamak için sadece olumsuz ifadelerde kullanılır, olumlularda değil! (*Örnek: Ama ben onu hiç görmedim ki!*)

* "ki" bağlacı, kalıplaştığı için bazı durumlarda bitişik yazılır (*oysaki, meğerki, illaki, mademki, sanki, halbuki, çünkü [için ki]*).

* Her soru edatı -istisnasız olarak- ayrı yazılır (*ben mi, benimki mi, gelir misiniz vb.*).

Karıştırmayın!

Bilhassa, işi yazı yazmak olanlara, "Gerek imlası/yazımı gerekse telaffuzu birbirine benzeyen kelimelere dikkat edin" derim. Ben derim de dinleyen olur mu bakın onu bilemem! (*Bir kişiye faydamız dokunsa kârdır.*)
Minik bir liste sunuyorum:

* "Bilhassa" yerine "bilakis" derseniz, "özellikle" demek isterken "aksine" demiş olursunuz!

* Mesela, bir problemi "çözmek" istediğinizi belirtirken onu "halletmek" istiyorsunuzdur; ama "çözümlemek" dediğinizde, onu "tahlil/analiz" etmek istemiş olursunuz!

* Bir şeye "delalet" etmek, ona "işaret etmek/yol göstermek" anlamını taşır; yok eğer karıştırıp da "dalalet" derseniz/yazarsanız, "doğru yoldan sapma/sapkınlık" demiş/yazmış olursunuz!

* Birinin "eşkal"inden söz edilir, "eşgal"inden değil; çünkü ilki "şekiller" demektir, diğeri ise "işler". (*"Meşgul" kelimesi size yol göstersin bundan böyle...*)

* "Etkin" kelimesi "faal, aktif" anlamına geldiği için, "etken"i "faktör"e karşılık olarak kullanmalısınız.

* "Katil"deki "a" harfi uzun okunduğunda, "öldüren kişi", kısa okunduğunda ise "öldürme işi/edimi" anlamındadır. (*Bu konuyu biraz açmak lazım: Televizyon ve radyo haberlerinde garipsediğiniz o kısa/kapalı okunuşlu "a" telaffuzu doğrudur; bir daha, "katl" der gibi "a"yı uzatmadan "katil zanlısı" diyen spikerleri -bi-*

lip bilmeden- eleştirmeyin! Çünkü, "insan öldüren kişi, cani" anlamındaki -"a" harfi uzun okunan- "katil" ile "öldürülme hadisesi" anlamında olan; ama, sesli türemesiyle araya bir "i" harfi alarak "katil" olan kelime, anlamca birbirinden farklı olup buradaki anlamı, "cinayet zanlısı"dır. "Hırsız zanlısı" denmeyip "hırsızlık zanlısı" dendiğini hatırlamanız yeterli olacaktır.)

* "Mahsur"un "kuşatma"ya, "mahzur"un ise "zarar, sakınca"ya tekabül ettiğini aklınızdan çıkarmayın!

* "Mütehassis" olduğunuzda "duygulanmış" olursunuz; "mütehassıs" olmanız ise, sizin bir işte "uzman" olduğunuz anlamına gelir!

* "Mütevazi"nin anlamı "birbirine paralel, eşit" olduğu için, "alçakgönüllü" anlamına gelen kelimenin "mütevazı" olduğunu sakın ola unutmayın!

* "Takdir"in "değer biçme", "taktir"in ise "damıtma/distilasyon" demek olduğunu bilirseniz iyi edersiniz! (*Musahhihe az iş kalır böylece ["musahhih" için de sözlüğe bakıverin bir zahmet].*)

* "Tefriş"in "döşemek", "teşrif"in ise "şereflendirmek/onurlandırmak" anlamına geldiğini bir kenara yazıverin!

* Eklendiği kelimeye, "ondan zarar gören" anlamı katan "-zede" sonekini iyi belleyin; "oğul ve doğmuş" anlamlarına gelen "-zade" ile karıştırmayın!

Son olarak: Bu sayfayı elinizin altında bulundurun!

NOKTALAMA (T)İMİ

Biz bir ekibiz; hatta, diyebilirim ki biz bir aşiretiz!
Herkesin sabit bir görevi vardır: Mesela, nerede durulması gerektiğini birimiz söyler (.); diğerimiz -*bu arada*- başkalarının sözlerini değerlendirir (" ")... Birimiz, anlam karmaşasına mani olmak için söz öbeklerini ayırır (,); diğerimiz, merak uyandıran soruların sonunda hazır ve nazır bekler (?)... Sanmayın ki heyecanını, hiddetini ve tepkisini ak kâğıda dökenlerin emrine amade olan neferimiz (!) nöbetini aksatır; siz rahat olun, o her zaman dimdik yerindedir...
Çok faydalıyız, çok!...
Anlatımda bir şeyleri maddeler halinde sıralama gereği duyarsanız, mutlaka bizim bir elemanımıza ihtiyacınız olacaktır (:); tıpkı, yazınızı yazarken -*imla kuralları gereği*- bazı harflerin ("g" ve "k" gibi) yumuşak okunması, bazı kelimelerin de bir başka anlama gelmemesi için "a" ve "u"nun üzerine kondurduğunuz düzeltme işareti/imi'ne (^) ihtiyacınız olduğu gibi...

Tüm ekip bu kadar mı? Elbette değil; ama, diğer arkadaşlarımızı da vakti geldiğinde tanırsınız artık... Siz, önce bunları yerli yerinde kullanın; diğerleri de nasıl olsa yavaş yavaş boşlukları dolduracaktır... "İmla"nın anlamı da bu değil mi zaten!

Mini pusula: *"İmla", Arapça "mela" dan gelir ve "boşlukları doldurmak" anlamı vardır. Belediye hizmetlerinde dolguların (sedde, imla gibi) sulanması vardır mesela...*

BÜYÜK PAZARLIK!

Mustafa Halit Umar Beyefendinin bir yapım eki olan "-ça"yı pek becerikli bir şekilde atarak çok daha zengin bir anlam derinliği kattığı "Hoş kal"a talip oldum geçende...
Oldum olmasına da bu güzel tabirin telif hakkını (*copyright*) tarafıma devretmeye hiç de gönüllü değil beyefendi... Ha, bir de bu hoş sözü kullanmam halinde "copyright infringement" olurmuş?! (*Ne demeye geliyorsa: pek sever sağ olsun böyle antin kuntin kelimeleri!*) İnatçıyımdır: Anlaşmak için masaya oturalım, dedim. Kabul etti.

Çetin Bir Pazarlık Oldu

Hemen bir kadeh gül renkli "duhter-i rez" (*asmanın kızı*) teklif ettim... Ama nafile! En azından bir koli (!) olmalıymış da bu tabirin önü çok açıkmış da "Hoş kal"ı ne edebiyatçılar ne filozoflar istemiş; ama o vermemiş de falan filan... (*Zannımca kafa buluyor benimle ya neyse...*)
Baktım kestirip atacak, ben de hemen eskiden İspan-

yolların (*ben Musevilerden öğrendiydim*) bizdeki "İstim arkadan gelsin" ya da "Kervan yolda düzülür" sözüne tekabül eden "Caminando i avlando"sunu tatbik etmeye karar verdim; yani, pazarlığı kesmeden -*yürüyerek ve konuşarak*- devam ettim büyük muhabbete...

Peki, dedim; iki kadeh olsun, hem de Kavaklıdere'nin lal'inden ve helalinden! Iıh!... Yemedi elbette! Yanına fındık-fıstık vereyim beşgen kâsede, dedim; gene olmaz, dedi... E, ben de o vakit kesenin ağzını açtım ve bir şişeye dek çıktım artık!... Evvela gözleri parladı; sonra da hoşafının yağı kesildi, demeyeyim, diye duman isi gözlüklerine sarıldı hemen. (*Kurnaz adam ne de olsa!*) Hatta bir ara, tabirin değerini düşürüp sahip olabilmek adına şunu bile söyledim: Halit Beyciğim, bilhassa İnternet marifetiyle seri bir şekilde yazışırken -*Allah muhafaza*- bir "t" harfi eklenir sonuna ve "Hoşt" oluverir. Siz gelin bunu bana verin; hem bakın ben daha gencim ve haliyle benim reflekslerim daha dinç ve tazedir. (*Ne alakası varsa: tutunacak yer arıyorum beyav!*)

Anlaştık

Nihayetinde, bana acıdığındandan mıdır nedir, "Tamam, anlaştık" dedi; ama bir de şerh koydu: Ben de asırlardır yazılarımın sonuna iliştirdiğim bu sözü kullanmaya devam edeceğim. Eş kullanım sahibisin sadece!

Ne, diyeyim. Allah (cc) Halit Beyciğimi iki cihanda da muzaffer ve muvaffak eylesin inşallah!

H©ş kalın!...

AMAN DİL!

Aydın bir gerçeği yinelemiş olacağım; ama gerekli: Bir an dahi duraklamaya gelmeyen edimlerden biri de dildir; yani, dilin gelişim ve etkileşim süreci... Bunu, bisiklet üzerinde yol almaya da benzetebiliriz: pedal çevirmediğinizde düşüverirsiniz! Mutlaka ayrımına varmışsınızdır, yazılarımdaki asıl amaç "manayı tesadüfe bırakmayan ve başka türlü anlaşılmaya olanak tanımayan bir kurallar bütünü"ne sahip olan Türkçemizin özbünyesinden günbegün türetilen kelimelerle zenginleşmesi için gayret sarf etmektir. Bu gayretimin baş tanıkları da "Güzel Türkçemiz"in söz ırmağıyla özünü arıtan siz değerli okurlarsınız.

Türk Demek Türkçe Demektir!

Türk halkına duygu ve düşüncelerini ak kâğıda dökebilme olanağı tanıyan Kemal Atatürk'ün yeryüzündeki -*bedenen*- misafirlik süresinin dolmasına yakın, "Dil efendim; aman dil, aman dil" diye sayıkladığını biliyor muydunuz? Kurduğu Cumhuriyet ve akıl almaz bir yapı-denge sistematiğiyle işleyen temel ilkeleri ne denli anlaşıldıysa, son nefesini verirken söylediği bu sözler de -*ne yazık ki*- ancak o denli anlaşılmıştır!

O, "Türk demek, Türkçe demektir; ne mutlu, Türküm diyene" derken de Cezayir menekşesi maviliğindeki gözleri, Türkçeyi çağcıl bir ulusa yakışır donanıma kavuşturabilme ateşiyle parıldıyordu: bu kesin! Hani bazı ırmaklar vardır, gürül gürül akarlar; ama onun suyuyla birleşmeye layık deniz olmadığından, seviştikleri ova toprağındaki gümrah bitkilerle oynaşırlar sürekli... Türkçemiz de âdeta, 29 notayla gönül portemizdeki aralıklarda oynaşarak eşsiz besteler yaptırıyor bu güzel dile layık olanlara...

Anadolu'nun son kahramanlarından -*Hektor'un da torunu olarak kabul edebileceğimiz*- Mustafa Kemal Atatürk'ün o özlü sözünü yineleyelim: Aman dil, aman dil!

DİL VE TOPRAK

"*Verilmeyecek şeyler vardır:*
Şeref gibi, şan gibi;
Kars gibi, Ardahan gibi!..."

Şair -*bu şiirinde*- bizim olan yerleri isteyenlere seslenmiş ve "Nasıl olur da bu topraklar verilebilir" demiştir. Buradan yola çıkarak, aynı durumun "bizim olan kelimeler" için de geçerli olduğunu düşünüyor ve yazımı bu merkez üzerine kurgulamak istiyorum...

Başka dillerden Türkçemize giren ve zaman içinde Türk tabiiyetine kabullerini gösteren bir nevi nüfus kâğıdına dahi sahip olan "bazı kelimeler"i hiç kimse, "Kökeni bizden değildir" diye "Türkçe söz dağarımız"dan koparıp atamaz ve bizden uzaklaştıramaz! Bir imparatorluk dili olan İngilizce, Latince ve Fransızcadan kendine mal ettiği kelimelere nasıl "kendi sesi"ni veriyorsa/verebiliyorsa, biz de -*aynı İngilizce gibi*- bir imparatorluk dili olan "güzel Türkçemiz"e giren kelimelere, kendi "milli sesimiz"i verebiliriz/vermeliyiz. Zaten, milli olan kelimeler değil, o kelimelerin sesleridir (*telaffuzları ve söylenişleri*). Mesela, Latince "cultura" kelimesi İngiliz dilinde "kalçır", Fransız dilinde "kültür (*cul-*

ture)"; Fransızca "final" kelimesi de İngiliz dilinde "faynıl" olabiliyor. Unutulmamalı ki milletlerin kültürleriyle yoğrulup oluşan "mimari"si gibi, "kelimeler"inin sesi de "milli" olmalıdır! Yoksa, saf bir "özdil" peşinde koşmak -*eskilerin tabiri ile-* olsa olsa "abesle iştigal"dir!

İsterseniz, birkaç örnekle (*"birkaç"ın da bir sınırı vardır: en çok "dört"!*) "**özdil**"e ait olduğunu sandığım(*n*)ız kelimelerin kökenine doğru bir yolculuk yapalım: Eski Türkçe kabul ettiğimiz "töre" kelimesi İbraniceden, "ev" kelimesi Arami dillerinden ve dünya kelimesinin karşılığı olarak kullanılan "acun" da "Soğdca"dan gelmedir! "Sıra" kelimesi, Oğuz Kağan Destanı'nda geçer; ama Yunancadır! "Gök (*kök*)" ve "alp" kelimelerinin Moğolca olmasına ne demeli peki!

Bu "muhteşem dil"in bir imparatorluk dili olduğunun ayrımında değiliz maalesef! Hâkimiyetimiz altındaki yerlerden (*coğrafyadan*) aldığımız ve "toprak"larımız kadar bizim olan bu "kelime"lere sahip çıkmamız gerektiğini nasıl anlatmalı acaba! Şöyle bir örnek versem: İmparatorluk dilleri, hâkimiyetleri altındaki medeniyetlerden "kelimeler" alırlar: tıpkı, hâkim olan milletlerin sahip oldukları topraklardan "vergi (*baç*)" almaları gibi. Hem de lüzumu kadar; hatta, canlarının istediği kadar! Bu kelimelere "fethedilen yerler" misali, "fethedilen kelimeler", demek hiç de yanlış olmasa gerek!...

Yetkin bir hoca, iyi bir hatip ve kalemi kuvvetli bir yazar olan Nihad Sâmi Banarlı'nın araştırmalarından yararlanarak kaleme aldığım bu kısa yazı, umarım ki dile sevdalı üç-beş kişinin dikkatini çekmiştir. Zaten, bu devirde daha çoğunu istemek kimin haddine!

YUNUS EMRE VE DİL ÜZERİNE

Yunus Emre'nin hayatı hakkında bilinenler -*maalesef*- pek azdır... Kesin olmamakla beraber, 1238'de (?) doğduğu ve 1320'de (?) hakka yürüdüğü, araştırmacılar tarafından bize bildirilenlerdir; ama her ne kadar Sivrihisar'da (*Eskişehir*) doğduğu söylenmekte/yazılmaktaysa da vefat ettiği yer hakkında halen bir görüş birliğine varılamamıştır. Hatta, sekiz ayrı yerde mezarı olduğu söylenmektedir... (*1350 yılında Karaman'da yapılan [Kirişçi Mahallesi'ndeki] Yunus Emre Camii'nin hemen yanı başındaki hazirede dua bekleyen mezarlar, kimlere ait olsa gerektir?!*)

Vahdet-i vücut felsefesinin (*Tanrı ile evrenin özdeşliği*) temel direklerinden olan Yunus Emre'nin, "ümmi" olduğu da iddia edilir, yaşadığı devirdeki bilimleri üst derecede bildiği ve Arapça-Farsçaya hakkıyla vâkıf olduğu da... Şiirlerinden anlaşıldığı kadarıyla -*özellikle tasavvuf konularını*- mevcut kalıpların esaretine düşmeden ve anlaşılır bir manevi derinlikle işlediğini kolayca anlayabiliyoruz. Ahmet Yesevi'yle (*Ahmed-i Yesevî*) ilk kıvılcımı salınan "Türkistan mahreçli Türk tasavvufu"nun, "yeşim taşlarıyla bezeli semavi bir taht"a oturtulmasında en büyük rolü gene Yunus Emre oynamıştır.

Tapduk Emre'nin müridi olan Yunus, ilahilerinde ve şiirlerinde, her mutasavvıf gibi Allah, varlık-yokluk, ölüm (*fena bulmak*) vb. konuları ağırlıklı olarak işlemiştir. Bunları işlerken, güzel Türkçemizi de devrin edebi zirvelerinde tutma çabasından bir lahza olsun vazgeçmemiş; çok yalın bir dille söylemesi/yazması yanında, gerekli gördüğünde de Arapça-Farsça kelimeleri kullanmakta bir beis görmemiştir.

Sözün özü, Yunus'u kendimize mihmandar edersek: Bir elimizde "Anadolu Türkçesi", diğer elimizde "Osmanlı Türkçesi" olmak kaydıyla, "Bugünkü Standart Türkiye Türkçesi-BSTT"nin kat ettiği merhaleleri de en iyi şekilde anlamış oluruz. Manayı tesadüfe bırakmayan bir kurallar bütününe sahip, rasyonel ve aynı zamanda matematiksel bir dil olan eşsiz güzellikteki Türkçemizin ana yolları, yüzyıllar evvelin "mana erleri" ve "kanaat önderleri"nin döşediği duru, anlaşılır ve sihirli söz taşlarıyla kusursuzca örülmüştür.

Elbette, bunu anlamak için "o yurt"a, "Anadolu"'ya mensup olmak gerekir.

Şanslıyız biz, hem de çok şanslı!

BEN KİMLERİ SEVDİM...

Rüya gibi sevgiliye ihtirâmât-ı fâikayla...

Kendisini ilk olarak, mimar Fossatilerin "Neo-Rönesans" üslubuyla tamamladıkları ve Tanzimat döneminde hepimizi âdeta büyüleyen -*eskiden Rusya Sefareti, şimdi Sovyetler birliği Başkonsolosluğu olarak kullanılan*- Venedik Sarayı'nda görmüştüm. İnanmayacaksınız belki; ama hepi topu bir, bilemediniz iki dakikalık bir görüşmeydi o da...

Rahmetli pederim Fetva Emiri Ârif Efendi, ulemadan olmasına rağmen kiliseye gidip Roma-Katolik ritüellerini keyifle dinleyen ve kendisi için hususi olarak "messa" çalınmasını rica eden bir zattı. Hoşgörülü ve geniş düşünen biri olması sebebiyle, bizler de Doğu-Batı senteziyle (*kısacası, tam bir İstanbullu olarak*) yetiştirilmiştik. Hatta, gerek ekalliyetle gerekse ecnebi ülkelerden gelen elçi ve devlet görevlileriyle yakın münasebetler de kurabiliyorduk...

"Lale kadar zarif, pırlanta gibi kusursuz..." diye tesmiye edilen ve bir kez görenin muhayyilesini dumura uğratan o güzeller güzeline de sözünü ettiğim Venedik

Sarayı'nda -eteği kuyruklu, beline irice bir fiyonk tutturulmuş kırmızı frapan elbisesiyle piyano başından kalkarken- tesadüf ettiydim: yürümüyor, akıyor; bakmıyor, deliyordu!... Tüm bu ayrıntılar, o bir-iki dakika içinde cereyan etti ve tabir yerindeyse hafızama nakşetti. Gür ve siyah saçlarını çevreleyen tacını, yanımdan geçerken ipekli elbisesinin çıkardığı hışırtıyı ve bir kuğu misali dimdik tuttuğu mevzun boynunu bir görenin bir daha unutması da mümkün ve muhtemel değildi zaten...

Büyük keman virtüözü Yehudi Menuhin'in, "Hakiki müzisyen, dinleyenlerin önce gözüne ve kulağına; sonra da kalbine ve beynine hitap edebilendir" demesi gibi; "güzelliği, güzelim, diyenlerin güzelliğini gölgeleyen" o eşsiz kadın da kendisine bakanları, alımı ve zarafetiyle kör ediyordu önce; "buğulu ses"ini duyabilme bahtiyarlığına erenlerden biri olarak şunu rahatlıkla söyleyebilirim: Sesini duyanlar, bir daha hiçbir ses duymak istemezler hayatları boyunca!... Göz göze gelip iki çift laf edenlerin hali ise neredeyse içler acısıdır; çünkü, o andan itibaren kalplerine pranga vurulmuş, gönüllerine de set çekilmiştir! Tüm bunlar yetmezmiş gibi, bir de insanın beyin kıvrımlarının tümünü etki altına alması var ki bu duyguyu da ancak yalçın kayalardan delice köpüren azgın sulara atlamayla eş tutabilirim!

Siz buna, ister tatlı ölümün ruhumuzda duyumsanması, deyin; isterseniz, onsuz yaşamanın dünyadayken ölüm demek olduğuyla alakalı bir felsefe şubesi kurun...

Ben o yıllarda yaşıyorum nasıl olsa; mesele, sizin meselenizdir artık...

AKILLI HIRSIZ

Size "oksimoron" (*Meraklısına: "Oksimoron [Oxymoron]", aynı ibarede yer almaması gereken birbirine zıt kelimelerle sıfat tamlamaları yapmaktır: "ölümüne sevgi", "korkunç güzel", "sessizliğin sesi" vb.*) gibi gelse de "akıl" ve "hırsızlık" kelimeleri/kavramları, aynı söz grubunda bal gibi yan yana gelebilir: bakın, ben yaptım oldu!

Hikâye eskidir; ama bilenler bilmeyenlere söylemesin lütfen, yoksa tadı kalmaz...

İnce Zanaat Erbapları

Efendim, eminim ki İstanbul'daki "Bitpazarı"nı duymayanınız yoktur (*aslı, "Batpazarı"dır*). Buranın "yankesici"si, "dolandırıcı"sı, "cepçi"si, "arpacı"sı, "karmanyolacı"sı, "tantanacı"sı ve bilumum ince zanaat erbabı, öylesine akıl almaz kalitede (!) "kalk gidelim"lere imza atmış ki ünü dünyayı tutmuş bir hafiye, mesleki merakını yenememiş ve bu durumu bizzat yerinde gözlemlemek için, şehrin mutena bir oteline konuşlanıvermiş. (*Bu hafiyenin, Sir Arthur Conan Doyle tarafından yaratılan roman kahramanı "Sherlock Holmes" olduğunu söyleyenler bile vardır devrin matbuatında.*) Onun hesabı, sabahları "Bitpazarı"na kısa -*ama etkili*- ziyaretler yapmak ve elbette ününe yaraşır bir şekilde; yani hiçbir şeyini yitirmeden/çaldırmadan akşama doğru oteline dönmektir.

Gözden Sürme

İlk gün, ekose desenli ceketinin ve külot pantolonunun ceplerine doldurduğu hatırı sayılır miktarda para ve dişlerinin arasına sıkıştırdığı gül kökünden imal piposuyla olay mahallini tura çıkar. Pazar yerini, aşağıdan yukarıya saatlerce dolaşır. Piposunu keyifle tüttürürken, para dolu ceplerini sık sık kontrol etmeyi de ihmal etmez.

Lafa yekûn tutayım...

Meşhur hafiyemiz, akşama doğru son kontrollerini yapar ve çevresini küçümseyen bir eda ile çıkışa doğru yönelir. Sonuçtan memnundur; çünkü, bir sent bile çalamamıştır "gözden sürmeyi çeken" hırsızlar. Bizimki, piposundan kuvvetli bir nefes çekip dumanını İstanbul semalarına üfürerek kutlamak ister zaferini; ama İstanbul'un puslu akşamlarına özgü tadından başka bir şey hissedemez damağında! Sağ elinin avucu, pek kıymetli piposunun tütün haznesi kadar boşluk bırakılmış halde, bir yumurtayı alttan tutar gibidir; ama mesleklerini "erkân-ı harp seviyesi"nde idrak eden usta eller, bir göz kıpmalık zamanda gerekeni yapmışlar ve çok özel hafiyenin o çok özel piposunu bir kuş misali uçuruvermişlerdir?!

Hafızam beni yanıltmıyorsa, Cumhuriyet gazetesine ilan vererek: "Pipomu getirin; kaç para isterseniz vereyim" dediğini de hatırlarım...

E, şimdi ben böyle hırsızı alnından öpmez miyim!

ALTINDAN EV

Yıl, 1931; yer, Eskişehir "İnkılâp İlkokulu"...
Cumhuriyetimizin en genç kızı unvanına sahip olan Muazzez İlmiye Çığ, "Bursa Kız Öğretmen Okulu"nu bitirmiş ve Eskişehir'de göreve başlamıştır...

İki Talebe

Sınıfta iki talebe vardır ki özellikleriyle öne çıkarlar: meraklı bakışları, seri hareketleri ve sapsarı saçlarıyla akıllarda yer eden Turan (*İlmiye Hanımın da kardeşidir*) ve sürekli olarak hocasına "Size altından bir ev alacağım/yaptıracağım" diyen çalışkan talebe Orhan... Küçük Orhan, yıl boyunca bu sözünü o kadar sıklıkla tekrarlar ki bu durum ailesinin de dikkatini çeker ve bir akşam ailece İlmiye Hanımı ziyarete gelirler... Bu ziyaretten sonra, Muazzez hoca o ailenin bir parçası olmuştur artık; sık sık görüşürler Orhan'ın ailesiyle...
Buraya bir parantez açmalıyım: Orhan Günday, ileriki yıllarda İstanbul Belediyesi'nde avukat olarak hizmet ver-

di ve hukuk alanında önemli çalışmalar yaptı; Prof. Dr. Turan İtil de -*psikiyatri alanında*- beynimizin o karmaşık yapısı hakkında çok önemli çalışmalarda bulundu.

Devam edelim...

İlmiye Hanım bir gün (*'60'lı yılların sonu '70'lerin başı olmalı*) Topkapı Sarayı'ndan çıkarken kendisine doğru hürmetle ilerleyen bir bey görür... İşte o kişi, çalışkan talebe Orhan'dır ve sevgili eğitmenine söz verdiği altından evi hâlâ alamadığı için de çok üzgündür! Ulusunu seven, Atatürkçü bir talebe yetiştirmenin haklı gururunu yaşayan ise, Muazzez Hanımdan başkası değildir elbette...

79 Yıl Sonra

Yıllar yılları kovalar ve 2010'un ilk günlerde Muazzez İlmiye Çığ'ın kapısı çalınır... Açılan kapıda, yüzünde sevinçli ve gururlu bir ifadeyle Orhan Günday belirir... İçeriye buyur edilen Günday, çayını içtikten sonra cebinden minik bir kutu çıkarır ve sevgili öğretmenine -*heyecanını gizleyemeyerek*- takdim eder; kutuda, zincire sabitlenmiş ev biçiminde bir kolye vardır ve bu kolye altındandır?!

Bu yazıya, sonlama anlamında bir paragraf ilave etmek istedim; ama verilen bir sözün bu derece üst seviyede uygulanmasının verdiği duygu rüzgârı öyle bir vurdu ki yüzüme, o an beni biri görseydi ağladığımı sanırdı.

19 KASIM 1938:
DOLMABAHÇE'DEN KARAKÖY'E

Mustafa Kemal Atatürk'ün aramızdan ayrılmasının ardından, Dünya Güneş etrafında 77 kez daha dönmüş... O'nsuz geçen 77 sene: dile kolay! Yaklaşık üç nesil, O'nsuz; ama O'nun akıllara sığmayacak denli güçlü, yaratıcı ve apaydınlık fikirleriyle örülü apaydınlık yollarda yürüyerek bu günlere ulaştı...

Gazi Hazretleri'nin çağcıl düşüncelerine olan hayranlığım, özellikle O'nun çoğunluğa katılışının sene-i devriyelerinde bir başka canlanır içimde. Bu kasım ayında da gene öyle oldu ve O'nun aziz naaşı Dolmabahçe'den Eminönü istikametine doğru yol alırken meydana gelen enteresan bir olay geldi aklıma...

Sizinle de paylaşayım...

19 Kasım 1938 sabahı saat 08.10'da Dolmabahçe'den top arabasına konulan Halaskârımız Mustafa Kemal Atatürk'ün aziz naaşı, âdeta hıçkıran insan seli gibi omuzlarda akarak yol alır Eminönü'ne doğru... Top arabası tam Karaköy'deki ana caddeden geçerken herkesi şaşırtan

bir şey olur: "Çıt çıt çıt" diye sesler duyulur Karaköy'ün Yüksekkaldırım tarafından. Dolu yağmaya başladığını sanır herkes ve pek tabii olarak göğe çevirir yüzünü; ama, hayır dolu filan yağmıyordur... O sesler, Karaköy'de ikamet eden Yahudi kökenli vatandaşların değer verdikleri biri kalabalığa kavuştuğunda yaptıkları bir ritüel olan "kriya"dan (*kıyafetinin bir yerini [yaka, yen vb.] kesmekoparma şeklinde tatbik edilir*), kıyafetlerindeki düğmeleri koparıp yere atmalarından gelmektedir bu "Çıt çıt çıt" sesleri?!

Mini pusula: *Yukarıda bahsettiğim enteresan manzara, İngiliz edebiyatının en önemli eserlerini Türk edebiyatına kazandıran yazar, filolog, çevirmen Mina Urgan (1915-2000) tarafından bizzat gözlemlenmiştir. Kendisi o anda, bir yakınına ait olan Karaköy'deki avukatlık bürosunun camından bakmaktadır.*

RİNGA DENİZİ'NDE OLTACILIK

Felemenk diyarından bir anekdot...

Hey gidi hey!... Hey ki hey hey!
Her türlü (*ama her türlü!*) şey aklıma gelirdi de bir oltacılık serüveni, bir balık-deniz güncesi yazacağım aklıma gelmezdi. Şimdi size, ikamet ettiğim memleketten bir günce uçuruyorum...

Strateji de Ne Ola ki!

Hollanda'nın Kuzey Denizi'ne bakan bir limanından açıldık bir pazar sabahı... Burada, benim gibi kıtıpiyos oltacıların açık deniz oltacılığı yapma imkânı ancak bu şekilde oluyor: Yaklaşık 20-30 kişiyi -*irice bir alamana benzeri*- pis bir yük teknesine yığıp 6-7 saat dolaştırıyorlar deryada!...

Her şey saatle: 1-2 saat yol aldıktan sonra, biri çıkıyor ortaya ve benim hâlâ öğrenemediğim Felemenk dilinde bir şeyler söylüyor ve hemen akabinde de herkese çapari kamışlarını üleştiriyor. (*Kamışını yanında getiren mi? Ca-*

nım, *dedik ya kıtıpiyosuz diye!*) Ahalinin bir kısmı iskele bir kısmı da sancak tarafına (*iyi bari, sol'u sağ'ı öğrenmişim Şarköy'de*) sıralanıyor ve rüzgâr nereden esermiş, derinlik neymiş filan gibi lüzumsuz ve vakit kaybettiren (!) mevzulara kulak asmadan, yallah!...
Hesap-kitap strateji? O ne ola ki! Uskumru dışında bir şey de gelmez zaten, merak etmeyin sakın!

Donanım ve Nevalemiz

Vallahi benim dışımdakiler de pek farklı değildi gerçi ya; nasıl bir donanım içinde olduğumu maddeler halinde sıralayayım en iyisi:

* Hava burada devamlı olarak ya yağmurlu ya da puslu olduğu için, her zamanki pardösüm ve kareli bir gömlek.
* Onun üstüne de kazak. (*Üşürüm filan belli mi olur!*)
* Ecnebilerin, gelişmiş karın kaslarından mülhem olarak "6-packs" dedikleri 6'lık bir Heineken seti. (*Beraber gittiğimiz arkadaş da iki set tedariklemiş Allah'tan!*)
* Tuzlu fıstık. (*Biranın yanında reçel alacak değildim ya canım!*)
* Seneler sonra bakıp "Vay be, ne balıklar avlamışım" diyebilmek için bir fotoğraf makinesi ve her balığı tek tek güverte ederken (*jargonu kaptım be!*) görsel'e hapsedebilmek için de -her ihtimale karşı- 3 makara 36'lık film. (*Evet, hâlâ dijitale geçemedim; n'olmuş yani!*)

* *Osmanlı'da Balıkçılık* üst başlıklı uzunca bir makale. (*Kamışı teknenin yanına dayayıp balık beklerken [!] canım sıkılmasın, diye.*)

Hilafım Varsa...

Lafa yekûn tutayım... Seyrimiz süresince üç kez konakladık (*demir mi atmış olduk yoksa!*)... Her defasında, Allah (cc) sizi inandırsın (*bana inanmayacağınızı anlamış bulunuyorum çünkü*) 7-8 tane kıpır kıpır "uskumru (*Scomber scombrus*)" çektim; hani şu kuyruk yüzgeci çatal yapılı, sırtı mavi yeşil harelerle vücuduna dik inen 23-35 adet çizgilerle kaplı olup sırt deseni çok güzel ve göz alıcı olan balıktan. Toplam sayıyı da bugünmüş gibi hatırlıyorum: 23 tane! Hatta, 4 tane de buldum?! Etti mi size (*yani bana*) 27! Herhalde marihuanayı çekip çekip kafası güzel olan Hollandalılar düşürmüştü ayaklarımın altına!... Mutlaka duymuşsunuzdur: Burada o eşek nanesi gibi kokan meret serbestçe içiliyor; hatta, "İçmiyorum/içmedim" diyeni dövüyorlar! (*Ama adam dövmenin cezai müeyyidesi var elbette.*)

Latife Bir Yana

Gülersiniz elbette... Gülersiniz!... Marmara'nın tek mavi bayraklı sahilinden Çetro ile denize açılmanın keyfi bir başkadır; onu ben de biliyorum! Ama inanın ki burada sadece sizi düşünerek ayakta durabiliyorum; ha, ona da ayakta durmak denirse!

MALHERBE, AHMED AGÂH VE SESLERİN TENEVVÜÜ

"Seslerin tenevvüü (*seslerin çeşitlenip zenginleşmesi*)", büyük Fransız şairi François de Malherbe'in (*1555-1628*) buluşudur ve "Fransız şiiri"nin 5 harikasından/mucizesinden biri olarak kabul edilir.

Evvela, Malherbe'in dil anlayışı üzerine bir-iki söz edelim...

Bilindiği gibi, özellikle 18. ve 19. yüzyıllarda "Lingua franca" olarak kabul edilen Fransızca, şiirde aruz oluşturmak için gerekli olan uzun hecelerden mahrumdur; bir başka deyişle, açık hecelere sahip değildir. Mesela, Sami dillerden (*Semitik diller*) olan İbranice ve Aramicedeki açık heceler, dil'i çok sesli bir hale getirme becerisine sahiptir. Bu çeşitlilikten mahrum olan Fransızcanın sert dokusu, Malherbe'in derdi olmuş ve Fransızcayı ahenkli ve müzikalitesi yüksek bir dil haline getirebilmek için âdeta bir kuyumcu titizliği ve sabrıyla çalışmıştır. Bu sabrı, bir şiir üzerinde -*gereken ahengi bulabilmek için*- yıllarca çalıştığını (!) söyleyerek örnekleyebilirim.

Ünlü Harflerin Sihri

Malherbe, "seslerin çeşitliliği"ni şiirin her mısraında hemen tüm ünlüleri (*vokalleri*) kullanmak temeline dayandırıyordu. Her mısrada "a, e, i, o, ö, ü" ünlülerinin kullanılması/kullanılabilmesi -*takdir edersiniz ki*- söz'e müthiş bir musiki aşısı yapmaktadır (*Fransızcada özel işaretlerle oluşan ve biraz değişik telaffuz edilen harfler, biraz değişik yazılan karakterler vardır ve bunlar şöyledir: é, è, à, ù, ç, û, ù, ë, ï*). Fransız şiirine musiki özelliği kazandıran Malherbe, aynı ünlüyü -*mecbur kalmadıkça*- üst üste iki kez aynı mısrada kullanmamaya azami özen göstermiş ve "Et rose, elle a vécu ce que vivent les roses" mısraını, bu zenginliğe ve ahenge örnek olarak vermiştir.

Kabahat Kimde?

Verdun Belediye Başkanı'nın, gençliğinin baharında hayatını kaybeden kızı Rose (*gül*) için bir mersiye yazmaya başlayan Malherbe, sözünü ettiğim ses çeşitliliğini/zenginliğini tam anlamıyla oluşturmaya uğraşırken mersiyenin sunulması gereken Belediye Başkanı neredeyse matemini unutur ve hatta o da atalarının yanına gidiverir bu zaman zarfında! Yakınları, sitem ederek, "İyi güzel de" derler, "Sen bu şiiri Belediye Başkanı'na teselli için yazmıştın; ama şimdi ortada teselli edecek kimse kalmadı ki!" Malherbe'in cevabı, hâlâ dünya edebiyat basamağının en üst çıtasında asılı durmaktadır: "Kabahat, bir şiirin yazılacağı zamana kadar yaşayamayan Belediye Başkanı'ndadır!"

Yukarıdaki Fransızca mısra da zaten bu mersiyeden bir alıntıdır: "Et rose, elle a vécu ce que vivent les roses (*ve gül yaşadı, güllerin yaşadığını*)."

Aynı Çeşitlilik Bizde de Var:
Ahmed Agâh (1884-1958)

Malherbe'in, en iyi Fransızcayı Louvre Sarayı'nın kapıcısı konuşur, sözünden etkilenen Ahmed Agâh da (*Yahya Kemal Beyatlı*) "Gayem, halkın sokakta ve evde kullandığı kelimeleri kullanmaktır; hatta, kelimelere onun verdiği manayı veririm" demek suretiyle her mısraı, âdeta bestelenmiş bir musiki ahengi buluncaya dek işlemeye gayret etmiştir. Şiirdeki ritmi hissetmek, Beyatlı için "şiir"in "güfte"den evvel "beste" olması gerektiği anlamına gelmektedir.

Yahya Kemal'in Türk şiirinde takip ettiği dil anlayışını, efsane edebiyatçımız Nihad Sâmi Banarlı bakın nasıl sıralamış:

* Şiirde, yaşayan Türkçeye girmemiş hiçbir Arap, Acem ve Frenk (*Batı dilleri*) kelimesini kullanmamak...
* Yaşayan Türkçeye girmiş Arap, Acem ve Frenk kelimelerini, onlara Türklerin verdiği "ses" ve "mana" içinde Türkçe saymak...
* Nahiv'de (*sözdizimi /gramer*) Türk milletinin cümleye verdiği mimariye şiddetle sadık kalmak ve "tatlı su Türkçesi"nin Servet-i Fünûn şiirindeki tesirini kaldırmak...

* Aşkla kahramanlığa, elemlere ve şevklere Türk milletinin verdiği ifadeyi gözetmek...

* Şiirde ritmin lisan haline gelmesi demek olan halis mısraı bulmak ve böylece mısralardan müteşekkil (*oluşan*) manzumeyi (*koşuk, nazım, şiir*), ilk mısradan son mısraa (*dizeye*) kadar, yekpare bir ritim terkibi halinde terennüm (*söylemek*) etmek; böylelikle şiir'i nesir'e zıt bir terkip (*bileşim, tamlama*) olarak yaratmak...

* Şiiri o çıkış noktasından hareket ederek söylemek ki bu şiir, önce bizi, milliyetimizi, bizim duygu ve düşünce dünyamızı söylesin. Fakat aynı şiir, bu milli atmosfer içinde bizi terennüm ederken aynı ölçüde beşeri (*insansal*) olsun. Bütün insanlığın duygu, düşünce, şevk ve heyecan âlemlerinin müterennimi (*ifade eden, pes * sten şarkı söyleyen*) olabilsin...

* Hülasa olarak (*özetle*), Yahya Kemal'in şiirinde göze çarpan şey: "Türkçe duyuş" ve "Türkçe duyuşu Türkçe deyiş haline kalbetmek (*değiştirmek, dönüştürmek*)" şeklinde büyük bir milli sanattır.

Özce, Yahya Kemal'in şiiri için, "Duyguların riyazi (*matematiksel*) ifadesidir" denmesi, boşuna olmasa gerektir.

Bu dil ağzımda annemin sütüdür, diyecek denli Türkçe âşığı olan Yahya Kemal'in, 1929 yılında Madrid Ortaelçisi olarak görevliyken yazdığı ve daha sonra üstat M. Nurettin Selçuk tarafından Kürdilihicazkâr makamında bestelenen *Endülüs'te Raks - Zil Şal ve Gül* isimli şiirini, ruhumuza işleyen güzelliğiyle hissedebilmek için gelin hep beraber okuyalım:

Zil, şal ve gül: bu bahçede raksın bütün hızı,
Şevk akşamında Endülüs üç defa kırmızı.

Aşkın sihirli şarkısı yüzlerce dildedir,
İspanya neş'esiyle bu akşam bu zildedir.

Yelpaze çevrilir gibi birden dönüşleri,
İşveyle devriliş, saçılış, örtünüşleri.

Her rengi istemez gözümüz şimdi aldadır,
İspanya dalga dalga bu akşam bu şaldadır.

Alnında halka halkadır aşüfte kâkülü,
Göğsünde yosma Gırnata'nın en güzel gülü.

Altın kadeh her elde, güneş her gönüldedir,
İspanya varlığıyla bu akşam bu güldedir.

Raks ortasında bir durup oynar, yürür gibi,
Bir baş çevrimesiyle bakar öldürür gibi.

Gül tenli, kor dudaklı, kömür gözlü, sürmeli,
Şeytan diyor ki sarmalı, yüz kerre öpmeli.

Gözler kamaştıran şala, meftun eden güle,
Her kalbi dolduran zile, her sineden: Ole!

ÇARŞAMBA TOPLANTILARI

"Çarşamba Toplantıları" İstanbul'un mutena semtlerinden Gümüşsuyu'nda, dahiliye mütehassısı Dr. Kâmuran İzmirli'nin muayenehanesinin birbirinden değerli kitapların duvarları süslediği bir odasında -*yaz sıcakları dışında kalan aylarda*- iki çarşambada bir yapılırdı... 1989-1992 yılları arasında, bu sohbet toplantılarının birçoğuna katılma şerefine ben de eriştim.

Evvela, sözünü ettiğim toplantılara ev sahipliği yapan Kâmuran İzmirli'yi tanıyalım kısaca, sonra da diğerlerini: Kâmuran Bey, özellikle kalp hastalarının pek rağbet ettiği, mesleğinin ehli (hazîk) bir hekimdir. Dedesi, hem Darülfünun'da (*Dârü'l-fünûn*) hem de İstanbul Üniversitesi'nde dersler veren, büyük İslam âlimi İsmail Hakkı İzmirli'dir. (İsmail Hakkı İzmirli'nin, Anglikan Kilisesi'ne Cevap ve İlm-i Kelâm adlı eserleri en bilinenlerdendir.) Ayrıca, Mustafa Kemal Atatürk'ün doktorlarından Nihat Reşat'ın (*Belger*) talebesi olmak da bir başka övünç kaynağıdır Kâmuran Bey için...

Ev sahibini -*kısaca*- tanıdıktan sonra, sıra diğer müdavimlere geldi: Türk tiyatrosunun pirlerinden (*duayenlerinden*) Vasfi Rıza Zobu, Bedia Muvahhit ve Necdet Mahfi Ayral; Türk dilinin cambazı, büyük şair ve yazar Salâh Birsel; bir dönem Demokrat Partisi'nde Münakalat Vekilliği (*Ulaştırma Bakanlığı*) de yapan Arif Demirer; emekli hariciyecilerimizden Hayrettin İzmirli (*Kâmuran Beyin amcası*); Türk sinemasının "medar-ı iftiharı" Şener Şen (*hayattayken, babası Ali Şen de katılırmış bu toplantılara*) ve isimleri hatırımda kalmayan daha birçok müstesna şahsiyet... Her biri -*tabir yerindeyse*- kendi tabii kürsülerini kurmuş olan bu insanlarla yapılan sohbetin ne denli keyifli ve öğretici olabileceğini de sizin tahayyül hanenize bırakıyorum. Cumhuriyet'in ilk dönemlerine ait o kadar mühim hadiseler anlatılıyordu ki zaman zaman, hangi birini sizlerle paylaşacağımı dahi şaşırıyorum, inanın. En iyisi, Vasfi Rıza Zobu'nun, Gazi Hazretleri'yle alakalı olan bir anısını -*aklımda kaldığı kadarıyla*- nakledeyim:

Yıl 1930... Eskişehir'de sahnelenecek bir oyun için yola çıkar Vasfi Rıza'lı, Muhsin Ertuğrul'lu kumpanya... Piyesten önce de Ankara'ya uğrayıp Gazi'nin ellerini öpmek için Köşk'e çıkarlar... Huzur'a kabul edildiklerinde, Kılıç Ali, kumpanyayı takdim ederek şöyle der Reisicumhur Hazretleri'ne: "Oyuncular, ellerinizi öpmek isterler." Gazi'nin cevabı sert ve kesindir: "Olmaz!" Vasfi Rıza, "Eyvah kızdı" der kendi kendine... Reisicumhur Hazretleri yineler, sesini yükselterek: "Olmaz! Sanatçı el öpmez!" Vasfi Rıza'nın endişesi gittikçe artar: "Sinirlendi, azarlayacak şimdi hepimizi; ne yapsak acaba" diye düşünmesinin yanında, bir hayli korkar da... Gazi Hazretleri, ara vermeden devam eder sözlerine: "Sanatçı el öpmez; sanatçının eli öpülür!"

Mustafa Kemal Atatürk, hafızalarımızda her daim tazeliğini koruyan o meşhur sözünü de burada söyler: "Efendiler, hepiniz vekil olabilirsiniz, başvekil olabilirsiniz, hatta Reis-i cumhur olabilirsiniz; fakat, sanatçı olamazsınız!"

Hadisenin devamını, Vasfi Rıza Beyin ağzından dinleyelim: "Yaver'in, yine de ellerinizi öpmek isterler, demesi üzerine, Gazi Hazretleri'nin 'Olur' manasındaki hareketini biz emir telakki ettik ve 'Hurraaa!...' diye, bir hücuma geçtik ki inanın, O'nun elini mi öptüm, yoksa kendi elimi mi öptüm (!) hâlâ hatırlayamam?!"

Bu sahneyi, Vasfi Rıza'nın o profesyonel anlatımıyla canlandırın bir de gözünüzde: eminim, siz de uzun süre kahkahalarla gülersiniz...

*

Anlatımdaki akıcılığa bir halel gelmemesi için, özellikle bazı teferruatlara girmedim. Bunlardan bir tanesi de Vasfi Rıza Zobu'nun, Gazi Hazretlerinin o maruf sözünü anlatırken hikâyenin ucunu kaçırıp devamını getirememesidir: Doksan yaşındaki büyük tiyatrocu, oturduğu koltuğun kenarına sımsıkı yapışmış, o özlü sözü hatırlamaya çalışıyordu, bir yandan da şöyle mırıldanarak: "Allah Allah, yav ben bu mevzuu anılarımı yazdığım kitaba da almıştım; nasıl unuturum, olacak şey değil!" O esnada, Şener Şen -*en halisane hisleriyle*- mealen şöyle dedi, büyük hoca daha da zorlanmasın, diye: "Evet, hocam; işte öyle bir şeydi değil mi?" Vay efendim, sen misin bunu söyleyen! Vasfi Rıza Bey öyle bir celallendi ki görmeye değerdi doğrusu: "Ne yani" dedi, "Bundan sonrası fasa fiso mu, masal mı, onu mu demek istiyorsun!" Büyük bir saygıyla -*ve hafif kızaran yüzüyle*- Şener Bey de cevaben: "Estağfurullah hocam" gibi bir şeyler söyledi gerçi, fırtınayı geçiştirmek için; ama, Vasfi Rıza Zobu'nun yüzü de uzun süre asık kaldı...

GAZİ HZ. VE NEYZEN BABA ÜZERİNE

Çarşamba Toplantıları'ndan bir anekdot daha...

Vasfi Rıza Zobu'ya, Gazi Hazretleri ile Neyzen Tevfik *(Kolaylı)* arasındaki yakınlığı soracak olduydum bir gün; aman sormaz olaydım! "Onların hepsi uydurma; hiçbirine inanma" deyiverdi, elini bana doğru alaylı bir şekilde sallayarak... Allah Allah; ezberimiz bozuldu resmen!
Yani, Neyzen Baba bir somun ekmeği, evvela iki okka rakının boca edildiği büyücek bir tasta ufalayıp sonra da Gazi'nin şaşkınlıktan büyüyen gözlerine baka baka kaşıklamadı mı? Peki, ikisinin seyrettiği bir filmin ardından, Gazi Hazretleri'nin, "Filmin konusunu nasıl buldun baba" şeklindeki sualine, Neyzen'in cevap olarak: "Paşam, zaten bu devirde herkes kurtardığını" dediği de mi yalan!
Meşhur fıkradaki gibi: Kim uyduruyor (!) bunları beyav!
Hafiften bir küfür ya da okkalı bir fırçayı göze alarak, son olarak şunu sorabildiğimi hatırlıyorum: Peki, halaskârımız ile rintlerin şahı hiç karşılaşmadılar mı? Türk tiyatrosunun pirine göre, karşılaşmışlar karşılaşmasına; ama sadece bir kez, o da Neyzen Baba'nın huzurda bir-iki dakika ney üflemesinden ibaretmiş... Anlaşılan, millet olarak yakıştırmalara bayılıyoruz!

Neyse, Vasfi Rıza Zobu'dan yüz bulamayınca, bu kez de Necdet Mahfi Ayral'ın pırıl pırıl zekâsına sarıldım: "Hocam, mümkünse Neyzen'le alakalı, 'kitaplara geçmemiş' bir hâtıranızı öğrenebilir miyim?" 1990 senesi itibarıyla aralıksız altmış sene şano tozu yutan (!) ve kusursuz bir İstanbul beyefendisi olan Necdet Mahfi Beyin iyi gününe denk gelmiş olmalıyım ki "Peki, bir tane anlatayım" dedi ve anlattı...

Ben de aklımda kaldığı kadarını sizinle paylaşıyorum...

Necdet Mahfi, Neyzen'i bir ikindi vakti ayık görünce çok şaşırır ve "Artık az içiyoruz galiba üstat" diye takılır ona... Neyzen de "Evet delikanlı, bu işin de çaresini buldum sonunda; nasıl yaptığımı da anlatayım istersen" der ve hemen, az içmenin çaresi olan büyük keşfini anlatmaya koyulur: "Evvela, bir Fahrettin Kerim alıp eve geliyorum; odaya girer girmez, kapıyı içerden kilitleyip anahtarı da içerdeki büyük küpün içine atıyorum! Senin anlayacağın kendimi odaya hapsediyorum ve aslan sütünü de tadına vara vara, bir güzel bitiriyorum. Bir şişe rakı kesmiyor beni ve daha çok içmek istiyorum elbette... İstemesine istiyorum da ne mümkün; kapı kilitli ve ben de bu halimle, iki metrelik küpün içinden mümkün değil o anahtarı alamam! Senin anlayacağın, dışarıdan biri *-feryadımı duyup-* gelir de kapıyı açarsa *(bazen de kırıyorlar!)* hürriyetime kavuşabiliyorum ancak! Bu arada da içmemiş/içememiş oluyorum işte?! Fena bir yol mu bulmuşum ha, ne dersin!"

İnanmayan gözlerle bakmamdan bir anlam çıkarmaya çalışan Ayral Hocanın, "Yahu, zaten ben de pek inanmamıştım bu işe; ama Neyzen bu, ne vakit ne yapacağı belli mi olur" diyen tiz sesini, seneler sonra hâlâ duyar gibiyim...

İSTANBUL KABADAYILARI

Bu yazımda, "İstanbul kabadayıları"ndan bahsetmek istiyorum; ama eski devrin kabadayılarından, "eski devrin İstanbulu"ndan... Katiyen, "külhanbeyler"den değil: dikkatinizi çekerim! Hani, ceket omuzdan iğneyle tutturulmuş, fesi de "otuz beş'e bir çeyrek" yan duranlardan değil, harbilerinden demek istiyorum...

Maval Değil!

Öylesine harbiydiler ki onlar: dövüşmek mecburiyetinde kaldıkları hasmı eğer "yapı"yı "fora" ederse, "âgir" belde dahi olsa çekmezler; âdeta koçlar gibi vuruşurlardı!... Kim öle, kim kala! Sizin anlayacağınız, gücü gücüne yetene zihniyetiyle davranmazlar, dev gibi olsa bile haksızlıkların karşısına bir abide gibi dikilirlerdi... Bazen, Ermeni güzeli Hayganoş'la ilgili hadise misali, "aftos" yüzünden birbirlerine cephe aldıkları da olurdu.

O zaman âlemin kaideleri işlemeye başlar, bir büyük

tarafından "racon" kesilir ve vaziyet de böylece "mayna" oluverirdi. Hoş, son senelerde pek sık duyar olduk şu racon sözünü; önüne gelen, hemen her şey için racon keser oldu! Efendiler, racon kelimesi dilimize İtalyancadan girmiştir ve sadece kadın yüzünden çıkan ihtilafların halli için kullanılmalıdır. Vakti zamanında, İstanbul çapkınlarının kendi aralarında halledemedikleri hadiseleri bir hakem vasıtasıyla karara bağlamaları gibi... Yeni yetme "bıçkın"lara duyurulur!

Şimdi siz, tüm bu anlattıklarımın "maval" olduğunu düşünüyor olabilirsiniz... Ne diyebilirim ki o günleri görüp yaşamadığınız için siz de haklısınız...

Reyhan Ağa'nın Sillesi

Hatıralarım depreşti bir kere; anlatmalıyım... Mesela, Sarraf Niyazi'yi anlatmalıyım. (*Meraklısına: Niyazi Bey, düşman işgalinde, İstanbul Polis Müdürü Giritli Kemâl Bey tarafından, 1909 senesinde Büyükada Serkomiserliğine tayin edilmiş ve Ada'daki asayişi kısa sürede yoluna koymuştur.*)

Mütareke senelerinde, işgal kuvvetleriyle başlarını belaya sokmak istemeyenler, yeme-içme için pek dışarı çıkmazlardı. Niyazi Bey de bu şekilde düşünenlerdendi; ama evde oturmaktan ziyadesiyle sıkılmış olacak ki Apostol'a gidip bir-iki kadeh çakıştırmak ister bir akşamüzeri... "Vakitler hayır olsun Beyimu, buyurun..." diye karşılanan Niyazi Bey, dışarıda bir masaya oturur; niyeti de zaten iki kadeh yuvarlayıp gene evin yolunu tutmaktır. "Bela geliyorum demez" sözü fehvasınca, on Fransız neferi bağıra çağıra meyhaneye doluverirler on dakika geçmeden... Aralarındaki küfürlü şamata esnasında, bizimkinin suratına bir de kep tesadüf eder! Niyazi Bey, kepi sakince alıp yanına koyar; ama bir ikincisi de bu kez rakı bardağını devirir! Neyse, ona da bir şey demez ve başını belaya sokmamak için, hesabı ister "Barba"dan...

Gemi azıya alan Fransız erlerinin masasından son bir kep daha uçar ve Niyazi Beyin suratının tam ortasına çarpar! Artık bu işin dönüşü yoktur: Evvela, atılan kepleri toplayıp denize atar; sonra da birer tokatta on Fransız neferini?! (*Hem de sırasıyla!*) Denize uçanlar, salaş direklerine midye gibi yapışıp kalmışlardır! Eh, Sarraf Niyazi'yi tanımışsınızdır artık...

Bir de Azapkapı İskelesi'nde sandalcılık eden Arap Reyhan Ağa vardır ki onun hikâyesi daha da alakabahş: Elim değmişken anlatıvereyim...

Reyhan Ağa bir gün, uzak mesafeden istedikleri noktaya bıçak atmalarıyla ünlü beş "Kefalonyalı" ile kavgaya tutuşur ve eline geçirdiği bir iskemleyle beşini de bir güzel pataklar! İşin garip tarafı, mahalle arkadaşları bizimkiyle iki ay dargın kalırlar bu hadiseden sonra... Sebep de şu: Reyhan Ağa'nın sillesi dört tane gâvura yetmez miymiş de iskemle kullanmış?!

İkaz Maksadıyla

Esasında, o kadar eskiler gitmeye de lüzum yok. Eski Aksaraylılar (*İstanbul-Aksaray*) Müştak Tüzünsü'yü iyi tanırlar. "Nam-ı diğer Prens Müştak"... Mekânı cennet olsun, İstanbulluluğa has delikanlılığın son numunelerindendi... Onun da "Bayrampaşa yokuşu" nam sol tokadı pek meşhurdu ve bu tokadı yiyen, umumiyetle bir hafta yatak istirahatiyle mükâfatlanmış sayardı kendisini! (*Meraklısına: Bu tokat, yukarıdan aşağıya doğru inen bir Osmanlı sillesidir.*)

Guraba Hüseyinağa Mahallesi'nin eski sakinleri hatırlayacaklardır: Affı mümkün olmayan yanlışlar yapan bazı "müptezeller"in kulak memelerine, küçük bıçağıyla -*ikaz maksadıyla!*- çentik atardı: "Kulağına küpe olsun" misali...

Hülasa, İstanbul kabadayılarının "sinkaf"ı okkalı; yemini de "kallavi"ydi... "Sigara kâğıdı kadar günahım varsa, akrep iftarım olsun" diyen bitirimlerle karıştırmayın sakın: haksızlık etmiş olursunuz onlara! Gönül ister ki her birinin ismini tek tek yazayım, her biri ile alakalı hadiseler nakledeyim size; ama mümkün değil! Gerçi, isimlerini bilip de ne yapacaksınız: "Aslan'a hüviyet sorulmaz" derler ya, o hesaptan kabul ediverin bunu da... Nasıl olsa, yaşadıkları devire kazıdılar isimlerini...

Şimdikiler mi? Güzel kardeşlerimiz yok değil hani; ama, has mıdır değil midir, bakın onu bilemem!

DEĞER BİLMEZLİK Mİ?

Fritz Neumark, Ernst Reuter, Wilhelm Röpke, Umberto Ricci, Bruno Taut, Clemens Holzmeister, Kurt Bittel, Hans Güstav, Hans-Henning von der Osten, Georg Rohde, Benno Landsberger, Walter Ruben, Wilhelm Peters, Felix Haurowitz, Reginald Oliver Herzog, Rudolf Nissen, Ernst Hirsch...
   Bu isimleri hatırlayabildiniz mi? Size acaba bir şeyler söylüyor mu bu isimler? Pek çoğunuzun, "Hayır" dediğini duyar gibiyim. Günümüzde maalesef, esamileri (*"esame" değil!*) okunmaz, yaptıkları yadsınır oldu bu kıymetli bilim adamlarının... Hülasa, unutturuldular bize... Sistemli bir art niyet güderek mi yoksa şükran hislerinden nasibi almamış bir kafaya hizmet için mi böyle bir tutum takınıldı, inanın anlamış değilim. Bildiğim tek şey, bu insanların her birinin 1930'lu yıllarda ülkemize gelip genç Cumhuriyet kazanımlarımızın sağlam temel direkleri olduklarıdır. Kimlikleri ve yaptıkları da herkes tarafından bilinmelidir. Nasıl ki Hammurabi Kanunları'nı ve Mısır Ehramları'nı genç dimağlarımıza kazıdılar... Asıl bu devre ve "bu dev isimler" bilinmelidir!

Herhangi birini seçip kısaca tanıyalım:

Profesör Fritz Neumark: 1933 yılında "Üniversite Reformu Programı" çerçevesinde çağrılı olarak ülkemize geldiğinde genç bir akademisyendi ve zaten "Hitler faşizmi"nden kaçıp kurtulmak zorundaydı... Gazi Hazretleri'nin keskin zekâsıyla, diğerleri gibi ülkemizde misafir edildi. Hem de *-gene diğerleri gibi-* yüksek maaşla ve Boğaziçi'nde ikamet etmek kaydıyla... İstanbul Üniversitesi İktisat Fakültesi'nin kurucusudur. Ülkemizde on dokuz yıl kalmış ve Almanya'ya döndüğünde de iki kez Frankfurt Üniversitesi'ne "rektör" seçilmiştir. Ayrıca *-şükran ifadelerini çoklukla kullanmayı ihmal etmeden-* Türkiye'de geçen yıllarını bir anı kitap haline getirmiştir. Ne değerdir ki biline!

Peki, diğerleri... Onların da kim olduklarına ve neler yaptıklarına kısaca bir göz atalım isterseniz:

Ernst Reuter: Sosyal Bilimler Fakültesi'ndeki İskân ve Şehircilik Enstitüsü'nün kurucularından olup ilk tüzük taslağını da hazırlayan kişidir. II. Dünya Savaşı sonrası (*1948'de*) Berlin ikiye bölününce, Batı Berlin'in ilk belediye başkanı oldu ve 1951 yılında da Alman Kent Meclisleri'nin başkanlığına getirildi. Dünyanın sayılı kent bilimcilerindendir.

Ord. Prof. Dr. Wilhelm Röpke: Almanya'nın ilk ordinaryüs profesörlerinden, ünlü bir iktisatçı.

Ord. Prof. Dr. Umberto Ricci: Roma Üniversitesi Öğretim Üyesi, iktisat teorisyeni.

Prof. Dr. Bruno Taut: Çağdaş mimarlığın kurucularından, "Bauhaus Okulu"nun da kurucusu.

Prof. Clemens Holzmeister: Kentbilimci, özgün mimar.

Prof. Dr. Kurt Bittel: Arkeolog.
Prof. Dr. Hans Güstav: Arkeolog.
Prof. Dr. Georg Rohde: Filolog.
Prof. Dr. Beno Landsberger: Asurolog.
Prof. Dr. Walter Ruben: Hindolog.
Prof. Dr. Wilhelm Peters: Pedagog.
Prof. Dr. Felix Haurowitz: Kimyacı.
Prof. Dr. Rudolf Nissen: Genel Cerrahi Uzmanı.
Prof. Dr. Ernst Eduard Hirsch: Ünlü hukukçu. *Pratik Hukukta Metot* isimli eseri, hâlâ tüm hukukçuların ve hukuk öğrencilerin başucu kitabıdır. 1943 yılında Türk uyruğuna geçti.

... devam edelim: Ülkesine döndükten sonra, iki dönem Münih Üniversitesi'ne "rektör" seçilen: Ankara Tıp Fakültesi'nin kurucularından Prof. Dr. Alfred Marchionini. İstanbul Üniversitesi Kanser Araştırma Enstitüsü'nü kuran: Ünlü patolog, Prof. Siegfried Oberndorfer. İstanbul Üniversitesi Zooloji ve Hidrobiyoloji Enstitüleri kurucusu: Prof. Curt Kosswig. İlk botanik bahçemizi kuran (İstanbul'da): Prof. Alfred Heilbronn. İstanbul Üniversitesi Astronomi Enstitüsü'nü kuran: Prof. Erwin Findlay. Ankara Yüksek Ziraat Enstitüsü Jeoloji Bölümü'nün kurucusu: Prof. Wilhelm Salomon-Calvi. İstanbul Üniversitesi Yabancı Diller Yüksek Okulu'nun kurucusu: Prof. Leo Spitzer.

İsimlerini sayıp kendileri hakkında sadece genel bilgiler sunmaya çalıştığım bu "önemli ve değerli" şahsiyetlere daha birçok isim ilave edebilir ve bu yazıyı -*kolaylıkla*- bir kitap haline getirebilirim. Nedir, böylesine değerleri sıkça anıp genç kuşaklara da aktarmazsak eğer, kadirşinaslığımızı nasıl belli edebiliriz ki!

Sonlamayı da kusursuz bir kara mizah örneğiyle yapayım: Zamanın Maarif Vekili (*Milli Eğitim Bakanı*) olan Hasan Âli Yücel'in bir seher vakti kapısı çalınır. Ziyarete gelen, mülteci Alman profesörlerden biri olup Türk vatandaşlığına geçtikten sonra, maaşının dörtte bir'e düşürülmesinin şaşkınlığını yaşamaktadır... "Sayın Vekilim" der, aceleyle: "Yani, şimdi ben, Türk vatandaşlığına geçtiğim için cezalandırılıyor muyum!" Hasan Âli Bey, bu söze karşı, hafızalardan silinmeyen tarihi yanıtını verir:

"Hocam, yoksa sen Türk olmayı kolay mı sanıyordun?!"

EDEBİYATTA EBAT!

Eşyadaki "**üç** boyut" şunlardır, bilirsiniz: "en", "boy" ve "derinlik"... Peki, edebiyatta da bu türde bir üç boyutluluk sözkonusu olabilir mi? Yani, edebiyatta "genişlik", "yükseklik" ve "derinlik" gibi bir "**üç boyut**"tan söz edilebilir mi? Orhan Burian (*1914-1953*), Amerikalı bir eleştirmenin bu konuya kafa yorduğunu söylüyor. Bana pek enteresan geldiği için, "edebiyatta üç boyutluluk" meselesini sizinle de paylaşmak istedim...

Burian'a göre, edebi bir metinde her üçünü de kullanabilen sanatçıların sayısı üç'ü beş'i geçmiyor ve bunlar: Homeros, Dante, Shakespeare gibi devlerden ibaret yalnızca... Ben de bir edebiyat adamını -*ve onun eserlerini*- eleştirirken doğru yargılara varabilmemize yardımcı olabilecek argümanlar olarak görüyorum bu "üçlü"yü... Şimdi gelin bunların ne anlama geldiğine bakalım hep birlikte:

Genişlik: Sanatçı, sosyal olayları (*insan topluluklarının davranışları*) önemli öncelik (*başat/ priority*) olarak kabul ediyor eserlerinde; ruh ve inan (*iman, ahlak vb.*) sorunlarını ise ikinci sıraya bırakıyor. Genel anlamda, toplumsal konuları kucaklamak olarak da kabul edilebilir.

Yükseklik: Sanatçının, yazılarında "iman", "ahlak" ve "ruh"la ilgili konulara/sorunlara öncelik vermesi anlamına geliyor. Burian'ın tabiriyle, "Yüksek bir inan'a dayalı yazılar"...

Derinlik: Konulara bilimsel bir şüphecilikle yaklaşmak; hemen karar vermemek ve sorunlar üzerinde sorup anlamaya çalışarak derinleşmek.

Sevgili okur *-edebi metinler hakkında mukayeseli bir değerlendirme yapmana olanak sağlayacak-* harika bir "üçlü turnusol kâğıdı" sundum sana: Bunların mihmandarlığında, eski ve yeni edebiyatçılarımızın/sanatçılarımızın gradosunu kendi kendine de ölçebilirsin artık...

Benden bu kadar!

GALATA

Deryadan Yokuş Yukarı

"Galata" deyince, gözümün önüne -evvela- Cenevizliler tarafından yaptırılan (1348) devasa boyutlu "Galata Yangın Kulesi" gelir (o zamanki adıyla "İsa Kulesi"). Sonra da gene Cenevizler tarafından kurulan -ve *Matrakçı Nasuh'un minyatüründe üçgen bir tepeye benzetilen*- Galata semti... Etimologlar, "galata" kelimesinin kökeninde tam bir anlaşmaya varamamışlardır. "Kelt" kelimesinden hareketle "Kelt-ia > Keltiya" ve "Keltia"dan da bir nefeste "Galatia"ya çıkabiliriz... Bununla beraber, Grekçe "süt" demek olan "gala"dan türediğini söyleyen de vardır İtalyancanın Cenova lehçesinde "yokuş, bayır, iniş" anlamına gelen "caladdo"dan türediğini söyleyen de... Evliya Çelebi'nin, "Galata'ya deryadan yokuş yukarı bir saatte çıkılır" demesine bakarsak, bu kelimenin bize Cenovalılardan armağan olması ihtimali akla daha yakın geliyor... İsmet Zeki Eyuboğlu da Cenevizli tüccarlara ve onların diline kol atanlardan: Kelimenin, İtalyanca "rıhtım" anlamına geldiğini söylerken bu bölgenin Cenevizliler tarafından alışveriş merkezi yapıldığının altını da özellikle çiziyor. Eyuboğlu'nun *Etimoloji Sözlüğü*nden, "galata"yı anlatan bir maniyi de şuracığa yazıvereyim:

İstanbul'un ortasında Galata,
Canım ister marul ile salata;
Al kayıkçı götür beni Balat'a...

O denli çekicidir ki Galata Kulesi, ondan söz edenler (*başta İlhan Berk*): "Upuzun boylu ve mavi gözlü bir İsa'dır o" demekten kendilerini alamazlar... Avnî mahlasıyla şiirler yazan II. Mehmed de o harikulade zarafetin hakkını verir doğrusu:

"Servi anmaz anda ol servi dil-ârâyı gören"
(*O gönül kapanı/okşayanı [Galata'yı] bir gören, başka servi boylu güzellere bakmaz olur artık.*)

Fatih'in bu sözü üzerine ne denebilir ki!

Sultanlarımızdan bu güzelliğe iltifat etmeyenler de vardır... Sebebi bilinmez, ne Farsça divânı olan Yavuz Selim ne de musikişinas padişahlarımızdan III. Selim çıkmıştır kuleye! I. Ahmed Han oğlu IV. Murad'ın kule merdivenlerine adım atmamasının sebebini ise İlhan Berk, IV. Sultan Murad Han'ın, çocukluğunda bir Galata Kulesi çizimi gördüğünü ve kule'nin o çizimde -*heybetine uygun olarak*- erkeklik organı şeklinde olmasına bağlıyor. Mümkündür.

Benim merakım ise şu noktada: Geçmiş yüzyıllarda, "Balatlı bitirimler" gibi serdengeçti olan Galata Kulesi ile "Hanımsultanlar" gibi edalı Kız Kulesi arasında -*uzaktan uzağa da olsa*- hissi bir yakınlık olmuş mudur acaba?!

HIZLANDIRILMIŞ OLTACILIK KURSU

2002 Aralık ortası, Saros...

Zemheri denen soğukların ağa babası geçit resmi yapıyor âdeta... İki yakın arkadaşım, "Oltacıyız biz; gel bize takıl" diyerek, Saros'a balığa davet ettiler bu fakiri... Şarköy'de uzun yıllar kalmama rağmen, kayda değer bir balıkçılık/oltacılık bilgim ve deneyimim olduğu söylenemez. Tekneye çekilen balıkların akşam sofradaki halini düşleyerek (!) geçti balık maceralarım. Elbette, evvela kefenleyerek! Balığı kefenlemezseniz *-yani rakıyla sarmalamazsanız-* ölmez, derler bizim oralarda...

Buraya kadar enteresan bir durum yok gibi görünüyor; ama benim açımdan, "müddet-i ömrüm"de unutamayacağım bir oltacılık kursu oldu bu bayram tatili. Hem de hızlandırılmış tarafından!

Anlatayım...

"Sekte-i kalp"ten öte tarafa gidip gelen (!) ve Siyami Ersek'te 5 gün yoğun bakım gören biriyim. Nihayetinde, 2002 senesinin 11 Kasım günü de üç ana damara "by-pass" çektiler. Demek ki Saros'a gittiğimde, 6,5 saat süren açık kalp ameliyatımın üzerinden sadece 3-4 hafta geçmiş?! Nekahet dönemimde sıcacık yatağımda olmam gerekirken kar-fırtına içinde Saros'a balığa! E, bu durumda, "Allah akıl-fikir ihsan eylesin" demekten başka bir şey denmez elbette.

Güneyli'de, balıkçılık ve sualtı takımları tam olan bir evde toplam üç kişiyiz. Salonda güzel bir şömine var; ama maalesef yardım almadan ısıtamıyor odayı: odun kesmek filan lazım! Çok şükür ki iki arkadaşım da sportmen ve Allah'ın doğuştan balıkçılık/oltacılık hassalarıyla donattığı tipler. Ayrıca, elektrikli testeremiz bile var! "E canım, balta gibi yorucu değil; sen bu halinle bile kesebilirsin" diyerek, testerenin elektrik kablosunu daha ilk günden tutuşturdular elime hainler! Sonraları da zaten, "Nick the chopper"ı söyleyerek epeyce odun kestim. Onlar usta ya: hazırlık yapacaklar, yem hazırlayacaklar filan... Hoş bazen de iskambil oynayarak balığa motive olduklarını (!) söylüyorlardı ya neyse... Gıybet olmasın şimdi!

Kat Kat Giyiniyoruz

Kat kat üstüne bir daha kat kat ve üstüne birkaç kere daha kat kat giyiniyoruz, desem, havanın ne derece soğuk olduğunu anlatabilir miyim dersiniz? İnanın, lahana bile yanımızda tek ortalı ilkokul defteri gibi kalır! Biz ise -benzetmek gerekirse- Meydan Larousse ansiklopedisi gibiyiz onu yanında! "Sen şimdi büyük bir ameliyattan yeni çıktın; aman yanına çok sıkı giysiler al" dediydiler gerçi; günahlarını almayayım... Ben de onları dinledim ve on-on beş metreden 7,65 merminin yarısında kalacağı cinsten kazağımı, Paul Shark montumu ve siyah kaşmir paltomu yanıma aldım. Yanımda getirdiğim kışlıklarla ancak golf oynayabileceğimin farkına vardığımda ise, çok geç kalmıştım artık!

Ortada ne varsa üst üste, üst üste giyip salon masasında iskambil oynadık ve televizyonda bol bol "National Geographic" seyrettik umumiyetle... Ha, bir de her dakika meteoroloji uzmanı gözüyle dışarıyı seyredip kafamızda kurguladığımız "Hah şimdi açıyor hava, tamam canım bu kadar işte; bak kar dindi vb." avuntularla geçti günlerimiz... "Kafamızı dışarıya çıkarmak için gökten izin aldık" desem yalan olmaz inanın...

Çekeceğim Varmış

Kaşınan benim elbette! İkinci günün akşamı, "Aman be abicim madem balık filan yok, Şarköy'e gidip arkadaşlarla bayramlaşalım bari; nihayetinde kaç kilometre ki" diyeceğim tuttu. Ne desem, "Hadi canım, daha dikişlerin alınmadı, otur oturduğun yerde" diyen adamlar, "He ya, gidelim iyi olur" demesinler mi! Al başına karlı yolları bakalım!...

Çok şiddetli kar yağışını ve buzlanmayı göz önüne alarak, otomobilimizi, evimizin bulunduğu siteye inen 30 metrelik yokuşun üstünde bırakmıştık her ihtimale karşı... Anlayın ne durumda piyasa! Otuz metrelik yokuş yavrusunu, kaya kaya 5 dk.da çıktık. (*Allah için, ikisi de kollarımdan tutup yardım ettiler.*) Otomobilimiz hiç inat etmeden çalıştı; sonra da ver elini Kavak ve Yeniköy üzerinden Şarköy. Siz öyle sanın! Daha doğrusu, normal şartlardaki güzergâh aynen böyle; ama şimdiki durum, Verhoyanks iklimiyle flört ediyor resmen!

Kavak sapağından girdiğimizde, Şarköy'ün pek hoşumuza giden virajları düşman gibi görünmeye başladı gözümüze. Hatta, görünmez oldular, demem lazım. Daha ikinci tatlı virajda gördüğümüz manzara şu: Bir yolcu minibüsü şarampolden solladı bizi! Hemen arkasından bir tane daha; ama bu seferki karşıdan geliyordu ve bize bir husumeti olmadığı için olsa gerek, öpüşmememiz için diğer taraftan cumburlop tarlaya! Elbette, şaşkınlık ve korkudan, o ana kadar iyi kötü yola alan otomobilimizi durdurmak zorunda kaldık: hem de yokuşta!

Yanılmıyorsam, 2-3 saat uğraştık ve pozisyonumuz yokuş aşağı olduğu için, en azından eve dönebiliriz, diye düşünerek Şarköy macerasından vazgeçtik...

Mürekkepbalığı ve Yarım Şişe Şarap

Üçüncü gün, her şeyi (*ama her şeyi*) göze alarak, sandalımızı suya attık: Vira bismillah!

Sandal küçük; ama "deep sounder" (*kesin yanlış yazmışımdır!*) bile var. Saros fatihleri, minik bir ekrandaki karınca karınca şekillerden -*âdeta remil atar gibi*- deniz canlısı tespiti yapıyorlar, şaşkın bakışlarım arasında... Benim de zaten otuz kat giysi içinde sadece gözlerimin hareket kabiliyeti var. "Hazreti kalıp" gibiyim Allah sizi inandırsın! Bir ara, "Dondum-donacağım; bak işte gözbebeklerim bile uyuştu" diye düşünürken, arkadaşlar, "Bu olsa olsa akşamın kalamar ziyafetidir" dediler ve haklı da çıktılar: Adamlar usta be kardeşim! E canım, kalamar da böyle lezzetli mi hazırlanır; vallahi ellerinizi yersiniz! Kolesterol yüksekliğinden kalp damarları tıkanmış biri olmama rağmen; dışı çıtır, içi hafif lastik gibi lezzet harikasının yarısını indiriverdim mideye... Yanında da şarap içeyim bari, dedim. Hay, demez olaydım! Hâlâ kafama kakarlar, içtiğim yarım şişe şarabı. *(Ne kıymetli şarapları varmış be birader: sanırsınız ki Petrus!)*

Büyükbabaların verandada sallanan koltukları gibi bir salıncakta yatan şişenin 5 litrelik olduğunu söylesem mi acaba, diye de hâlâ düşünürüm?!

Mini pusula: *Bu kurstan sonra, siz olsanız "Usta oltacı" unvanını omzunuzda taşıyor saymaz mısınız kendinizi? Allah için söyleyin lütfen!*

İLMİYE TATLISI

Şimdi size bir tatlı tarifi vereceğim: "İlmiye Tatlısı".
Bu tatlılar tatlısı "İlmiye Tatlısı", coğrafya olarak tamamen Türk kökenli olup doğrucu ve devrimci özellikleri içinde barındırmasıyla tanınır.

Malzemeler

- Çokça "akıl"...
- Yeterince "fikir"...
- Kucak dolusu "cesaret"...
- Gerektiği kadar "anlayış"...
- Dünya kadar "demokrasi inancı"...
- Güneş'i dolduracak kadar "hürriyet aşkı"...
- 40 mangalı dolduracak kadar "yürek gücü"...

Yapılışı

Bu tatlının yapılışını -*klasik tarifler gibi*- uzun uzun anlatmaya gerek yoktur:

Aklı ve fikri cesaretle mezcederken anlayışı eksik etmemelisiniz. Bu arada, hür fikirleri yedeğinizden ayırmadan demokrasi inancınızı her daim fayrap etmeyi de unutmamalısınız! En kolay kısmı ise sunumudur: "İlmiye Tatlısı", mangallardaki çokça yürek kuvvetinin yardımıyla tat bilen damaklarda (*beyinlerde elbette!*) kolayca kendine yer bulacaktır. Özellikle de hak edenlerin beyninde/ tabağında!...

KARADENİZLİYİM BEYAV!

Başlık biraz acayip değil mi? E, biraz acayip ve garaip olacak elbette; bizim Trakyalılarla/muhacirlerle (*okunuşu: macır*) alakalı bir şey olacak da hafiften eksantrik olmayacak!

Sülalemiz, '30'lu yılların başında gelmiş Türkiye'ye... Ondan evvelki yurtları: Bulgaristan-Kırcaali (*biz buraya, kendi aramızda hâlâ "Kırcalı", deriz*). Bunca zaman geçmesine rağmen, "3-5"e "üj-bej" desek de çoklukla "ij" de fena Türkçe konuşmayız! Anayurda olan entegrasyon sürecimiz biraz sancılı olsa da zaman içerisinde hiç zorlanmadık, desem yeridir. Özellikle 3. ve 4. kuşak Trakyalılar olarak, diğer bölgelerimizle kaynaşmış vaziyetteyizdir Allah'a şükür. Bizim sülalenin "kısm-ı umumisi" Tekirdağ ve Malkara'da konuşlanmışlar; birkaç aile ise, gene Trakya'nın güzide bir şehri olan Kırklareli'nde. Kırklareli'ne yerleşen yılmaz Türk boyumuz (*heyt be!*), sülalemizin munis ve "fatîn" yapısına muhalefet eden bir durum arz etmektedir; yani, asabi olmaları yanında "nato kafa" durumları da mevcuttur (*meraklısına: "nato" Yunanca "işte" demektir*).

Sıra Geldi İsimlere

Aradan uzun uzun seneler geçti ve tarihler artık '80'lere işaret etmektedir... Bak şimdi, söylemeye unuttum galiba: Sülalemiz tümden Türkiye'ye gelememişti ve -*o zamana göre*- 5-10 aile orada kalmıştı. Tabii ki geçen seneler içinde bizimkiler de boş durmadılar, ürediler ve buradaki hısım-akrabaları kadar bir nüfusa sahip oldular (*Allah çalışanı sever; Türk'e durmak yaraşmaz*).

Bilindiği gibi, Bulgaristan'daki Komünist yönetimin, Türklerin entegrasyonu ile alakalı politikaları (*buz gibi "asimilasyon"dur elbette!*) istikametinde: dinimizin vecibelerini yerine getirmemiz ve dilimizi rahatça konuşmamız pek "oj" karşılanmazdı Todor Jivkov yönetimince... Onlar da gerçi -*hiyerarşiye uygun olarak*- aşağı kademelerden gelen takiptarassut raporlarına bakarak, bu durumu üst kademelerdeki istihbarat analiz uzmanlarına aktarırlar ve çıkan sonuçlardan da pek memnun olurlardı (*olsunlar bakalım!*): "Türkler, dinlerini tatbikte isyankâr olmamakla birlikte, ilkokuldan itibaren aldıkları Bulgarca ve Rusça eğitiminde de menfi çıkışlar yapmamakta olup önümüzdeki 5-10 sene içinde tam anlamıyla bir Bulgar kimliği kazanacaklardır." Raporların genel değerlendirmesi aynen böyle idi. Şu demek ki artık sıra her birine Bulgarca isim vermeye geldi. E, o iş de kolay zaten!

Unutulan Bir Şey Var

Yalnız, yönetimin es geçtiği bir hakikat vardı ki bunu çok sonraları anladılar: o zaman da zaten iş işten geçmişti!

Gerek alt kademelerden "durum raporu" sunan gerekse üst kademelerde bu raporları değerlendiren makamlarda çokça Türk kökenli görevli vardı. Aşağıdan gelen raporlar, "Bölgemdeki genel durum, Türkler tarafından Bulgar yönetimine karşı bir tutum takınılmadığını göstermekte olup" diye başlar ve "uyum prosedürü"nün uygulanmasında bir mahzur olmadığına işaret ederek de nihayete ererdi... Üst seviyede görevli Türk kökenli memurlar da bu raporları aynen (*belki de biraz daha allayıp pullayarak*) karar mekanizmasına sunarlardı. Buraya kadar her şey iyi gözüküyor (*iki taraf için de*).

Lafa yekûn tutayım artık...

Bir süre sonra da çıkan istatistiksel veriler, sosyal antropolojinin sistematiği istikametinde değerlendirilip "Her Türk kökenliye Bulgarca bir isim-soy isim" kampanyasını başlattılar. Üflemeli çalgılarda delikleri lazım geldiği gibi kapamadığınızda ortaya çıkan kötü ses, bu durumu çok iyi anlatıyor işte: zurna muhabbeti, yani! Çünkü bizimkiler, Bulgarca Hıristiyan isimlerini duydukça yavaş yavaş huysuzlanmaya başladılar. (*Buraya bir aydınlatma notu koymalıyım: Bulgaristan'da ya da Rusya'da [hatta, Azerbaycan'da da] "huy" kelimesini "natura" anlamında kullanırsanız ve bir de "Huyun kurusun" filan derseniz, vallahi sizi ben bile kurtaramam; çünkü, bu kelime, "erkek üreme organı" anlamında kullanılır oralarda. Bu kıyağımı da unutmazsınız artık!*)

Bu gergin duruma rağmen, huysuzluklarına (*ağzımdan kaçtı!*) eser miktarda ironi katmayı da ihmal etmediler sağ olsunlar... Mesela, bizim amcalardan biri, Bulgarca isim almayı reddetmiş ve onlar da biraz dövmüşler bizimkini. Gene kabul etmemiş; onlar da elbette biraz daha dövmüşler ve sonunda bizimki bakmış bu işin sonu yok: "Tamam" demiş, sizden bir isim alacağım; ama benim istediğim isim olacak. Bulgar "komşi"lerimiz de "Bizden olsun çamurdan olsun" diye düşünmüş olacaklar ki bu isteğini kabul etmişler.

Uzattıkça uzattım gerçi; ama nasıl olsa yazımın bundan sonrasını okumaya devam eden de kalmamıştır! Canımın istediği gibi devam edeyim en iyisi...

Ne diyordum, hah, bizimki madem olacak bari "Hristo Botev" olsun benim ismim, demiş. Bre aman! Botev, Bulgar devrimci hareketinin liderlerinden; yani, Osmanlı'ya başkaldıran ve boş zamanlarında da kelle koleksiyonu yapan biri! (*Avcı trofelerine benzemez bu iş ha!*) "Bu adam, saraka amaçlı olarak almak ister bu ismi; olmaz! Fırlamalığın âlemi yok; başka bir isim al" demişler. Necati Amca, hızını alamamış olacak ki bu kez de "Todor Jivkov" (!) olsun ismim, demiş. (*İnna sabirin!*) Garip bir durumdur; ama bizim amcayı bu sözünden sonra artık dövmemişler! O da zaten kızmayla gülme arası bakan "isim-soy isim polisleri"ne daha çok direnmemiş ve şu an itibarıyla benim de aklımda olmayan sıradan-sürüden bir isim almış. İşte bu amcamız, Kırklareli'ne yerleşenlerden *"Todor Necati"*dir.

Karadeniz'e Geldik Nihayet

Şimdi siz Kemal Kırar ipin ucunu kaçırdı, filan, diye düşünüyorsunuzdur; ama kaçırmadım, muhabbete biraz kalama verdiğim için size öyle gelmiştir! Ben şimdi bu yazının sonunu başlık'la bir güzel ilişkilendireyim de görün siz!

Todor Necati'ye, yeni tanıştığı bir Trabzonlu, "Sen

nereliydin" diye sormuş günün birinde... Todor Amca da "Karadenizliyim beyav" diye yanıtlamış. Adam bakmış, hem Karadenizli hem de "beyav"lıyor! "Yahu" demiş, "Nerelisin, söylesene şunu?" Yanıt gene aynı: "Karadenizliyim beyav" Adamın, "Peki nasıl oluyor da sen Karadenizli oluyorsun; vilayetini söyle bakalım" diye "şandel"lediği soruya bizimki öyle bir "dömivole" çakmış ki hâlâ gülerim:

"Kırklareliliyim beyav, bizim de Karadeniz'e kıyımız yok mu yani?!"

KOCA SİNAN ÂŞIK OLURSA...

1520-1566 yılları arasında Osmanlı İmparatorluğuna hükmeden "Kanunî Sultan Süleyman" devrinde geçtiği rivayet edilen bir hadiseyi nakledeyim size...
Muhteşem Süleyman'ın biricik kızı "Mihrimah Sultan"a bir talip çıkar: "Diyarbakır Beylerbeyi Rüstem Paşa". Merkeze uzak (*periferi*) bir yerde görevli olan Paşa'nın Kanunî'ye damat olması, Cihan İmparatorluğunun ikinci adamlığı anlamına geldiği için; üst yönetim kadrolarında dedikodu kazanları fayrap edilmeye başlanır ve Paşa'nın cüzamlı olduğu haberi uydurulur. Peki, gerçekten öyle midir? Bundan emin olmanın tek yolu, Paşa'nın bir sağlık kontrolünden geçmesidir. Hemen bir ekip Diyarbakır'a gönderilir. Haberin gelmesi gecikmez: Rüstem Paşa'nın çamaşırlarında bit bulunmuştur! Paşa için vezirlik yolu açılmıştır artık; çünkü cüzamlıya bit gitmez!
Bu olay üzerine, Paşa'nın siyasi düşmanları tarafından yazılan/yazdırılan şu beyit pek hoş ve manidardır:

"Olacak ki bir kişinin bahtı kâvi tâlihi yâr,
Kehlesi dahi ânın mahallinde işe yarar!"
(Anlamca: *Şansın varsa, bit'ten bile fayda görürsün!*)
Kısa geçelim...

Hürrem Sultan'ın da desteği ile Rüstem Paşa, Süleyman ve Hüsrev Paşaları ekarte ederek 1544 yılında Sadrazam olur. Sadrazam, tüm vaktini ve enerjisini devlet işlerine verdiği, karısıyla gereği gibi ilgilenemediği için, kudretli hükümdarın kızı da kendini hayır işlerine verir. Özellikle, adına yaptırılan iki büyük caminin yapımıyla geçirir vaktini: Üsküdar'daki, etek giymiş bir hanım görünümündeki "Mihrimah Sultan Camii" (*İskele Camii*) ve gün ışığının her köşede âdeta dans ettiği kadınsı edalı "Edirnekapı Camii". (*Mihrimah Sultan'ın statüsü iki minareli cami yaptırmaya yetmesine rağmen, yalnızlığını simgelemesi anlamında tek minareli yapılmıştır bu cami.*) En büyük şansı da "Koca Sinan"ın mimarbaşı olmasıdır elbette... Mimar Sinan, en uygun yerlere en uygun camiyi -*padişahın izni ve emriyle*- dünya üzerinde eşi benzeri görülmemiş bir sihirli simetriyle yapıvermektedir Mihrimah için!

Sihirli kısmını anlatayım...

Üsküdar'daki Mihrimah Sultan Camii ile Edirnekapı'daki Mihrimah Sultan Camii'ni aynı anda görebileceğiniz bir yer tespit edin. Günbatımında (*elbette, yılın sadece bir gününde*) göreceğiniz muhteşem manzara şudur: Edirnekapı Camii'nin tek minaresinin arkasından "güneş" batarken, Üsküdar'daki caminin minareleri arasından "ay" doğmaktadır! "Bu nasıl bir hesaplama, bu nasıl bir estetik anlayışıdır" dediğinizi duyar gibiyim... Mimarbaşı, Mihrimah Sultan'a platonik bir yakınlık duymasaydı; acaba bu harika uyumu yaratabilir miydi? Hele bir de "Mihr ü mâh", Farsça "güneş" ve "ay" anlamına geliyorsa?!

Koca Sinan'ın aşkı bu: sıradan-sürüden insanların aşkına benzemez!

Mini pusula: *Hadisenin doğruluğu tartışmalıdır; ama, bu denli bir sihir varsa -hayali dahi olsa- yazılmalıdır/bilinmelidir, diye düşündüm...*

MANEVRANIN BÖYLESİ

Bilmem hiç fark ettiniz mi, kişioğlu bazen hiç de aklında olmayan bir ürünü alıveriyor!... Eve bir geliyorsunuz: elinizde 55'e 70 ebadında altın kaplama ve Barok tarzında oyma işlemeli bir çerçeve! Yolda bir arama-tarama olsa, Dolmabahçe Sarayı'ndan yürüttüğünüz bile düşünülebilir!.

Latife bir yana, bu denli abartılı durumlar olmasa da buna yakın örnekler çok kişinin başına gelmiştir. Buradaki anlaşılmaz gibi gözüken şey, aslında sizin ruhunuzu okuyan, cin gibi bir tezgâhtara çatmanızdan başka bir şey değildir. "Kivi" hikâyesini bilirsiniz... Olsun, bir de benden dinleyin!...

Market cıvıl cıvıl doluyken bir müşteri sebze-meyve reyonundaki satıcıya yaklaşır ve "Yarım kivi istiyorum (!)" der. Satıcı, sarakaya alındığını düşünerek, müşteriye yan gözle bir bakış atıp nazikçe gülümser ve armutları, sapları yukarıya gelecek şekilde dizmeye devam eder. Ama bizim müşterinin hiç de şaka yapar gibi bir hali yoktur: "Dediğimi duymadınız galiba; yarım kivi istiyorum, keser misiniz lütfen!"

Kalan Yarısını da...

Tecrübeli tezgâhtar, "Çattık" der içinden ve böyle bir şeyin mümkün ve muhtemel olmadığını anlatmaya çabalar eksantrik müşteriye; ama nafile! Müşteri, "Eğer kendi yetkiniz yoksa, müdürünüze iletin dileğimi lütfen. Unutmayın ki müşteri kraldır" dediğinde, satıcı çileden çıkmamak için kendini zor tutar, kadife kaplı bir yumurtaya benzeyen meyveyi eline alır ve dosdoğru müdürün odasına çıkıp: "Efendim, manyağın biri geldi yarım kivi istiyor" der. Der ama o anda da göz ucuyla adamın onu takip ettiğini, hemen yanı başında dikildiğini fark eder ve harika bir manevrayla sözüne şöyle devam eder: "Hah, kalan yarısını da şu beyefendi istiyordu zaten!"

Neyse, müşteri para filan alınmadan -*yarım değil*- bir kilo kivi verilerek yolcu edilir...

Akşam iş saati bitiminde, firma müdürü bizim zeyrek akıllı satıcıyı yanına çağırır ve mültefit bir tavır takınarak, nasıl bu denli pratik bir zekâya sahip olabildiğini sorar. Esasında müdürün merak ettiği, bu cin gibi adamın daha evvel nerelerde ve ne gibi işlerde çalıştığıdır. Besbelli, daha büyük yetkilerle donatacaktır onu.

Son anda yaptığı kıvırmayla büyük bir bela atlatan tezgâhtar, uzun yıllar Yeni Zelanda'da satış elemanlığı yaptığını söyler. Bu kez müdür -*ne hikmetse*- daha da ilgili görünür ve "Enteresan, nasıl buldun peki Yeni Zelanda'yı" diye bir soru yöneltir bu kez. Bizim sivri zekânın yanıtı kısa olur: "Aman efendim, oradakilerin yarısı beyzbol manyağı, kalan yarısı da hayat kadını!"

Bu kez müdürün yüzü ekşir ve "Amma yaptın ha, benim karım Yeni Zelandalı ama" der, sertçe. Hiç istifini bozmayan satıcı, gözlerini koskocaman açıp meraklı bir yüz ifadesiyle karşılık verir: "Hangi takımda oynuyordu efendim?!"

MARMARA'DA İKİ İNCİ...

Pırıl pırıl aydınlık bir beyne ve kalbe sahip olan Cumhuriyet Güzeli Muazzez İlmiye Çığ Hanımefendiyle bir hafta sonunu Marmara'nın incisi Şarköy'de geçirdik... Hıdrellez kapsamındaki şenlikler için, Şarköy Belediyesinin resmi davetlisi olarak cuma sabahı yola çıktık: İlmiye Hanım, kızı Yülmen ve bendeniz...

İki İncinin Buluşması

Marmara Denizi'nin sol üst köşesine -*âdeta özel bir hesap kitapla*- yerleştirilivermiş bir yüzük taşı hissi veren güzel beldemiz Şarköy ile hürriyet âşığı gözleriyle bize Cumhuriyetin güçlü temellerini ve kurucumuz Gazi Mustafa Kemal ATATÜRK'ü her daim hatırlatan Muazzez Hanım, hakikaten harika bir ikili oluşturdular...

Karşılama

Cuma günü öğleden sonra Şarköy Belediyesi'nin gönderdiği makam aracıyla Şarköy'e ulaştık ve -*ayağımızın tozuyla-* belediye başkanımız Süleyman Altınok ile meclis üyemiz mimar Dilek Al Hanımefendi tarafından karşılandık. *(Bu arada, yol boyunca kurduğu telefon trafiğiyle kendimizi güvende hissetmemize sebep olan başkan yardımcımız Efrahim Galip'i de anmalıyım.)* Bu kısa hoş geldin merasiminin ardından da misafirlerimiz, temizliği ve çalışanların güler yüzlü samimiyetleriyle örnek bir yer olan "**Şarköy Öğretmenevi**"nde *-akşamki konferansa (21.00) dek-* istirahate çekildiler...

Konferans

Medeniyet böyle bir şey demek ki!... Belediye Düğün Salonu'nu dolduran yaklaşık 400 kişinin konferansı pür dikkat dinlemesine ve akılcı sorularla dahil olmasına bakıp: "Böylesine medeni bir beldenin mensubu olmakla ne kadar övünsem azdır" demeliyim. Cumhuriyet kızı Muazzez İlmiye Çığ, Mustafa Kemal ATATÜRK'ü öyle güzel anlattı ki hani neredeyse O'nun Cezayir menekşesi maviliğindeki gözlerini görür gibi olduk, inanın...

Cumartesi

Cumartesi günü sabahı ilk olarak "Mavi Bil Dershanesi"ni ziyaret ettik ve şunu gördük ki bu bilim yuvamızla ne denli gurur duysak azdır!... Öğrencilerin ışıl ışıl gözlerine ve attıkları sevinç çığlıklarına şahit olup kıvanç duymayan ve gözleri dolmayan olamaz! Dershanenin ortaklarından Tuncay Şatır'ın yürekten ilgisi de misafirlerimizi ve bendenizi pek memnun etti doğrusu... Öğleden sonramız ise -akşamın geç saatlerine dek- "Ganohora Kültürlerarası İletişim Derneği"nin Uçmakdere ve Gaziköy'de düzenlediği özel etkinliğe katılarak, üzümün kızıyla sarmalanan bir şölen olarak geçti... Dernek kurucularında Cem-Funda Çetintaş'a ve burada da özel ilgisini bizden esirgemeyen Dilek ve **İlker Al**'a bir kez daha teşekkür etmem gerek...

Plan Dışı Bir Ziyaret

Mürefte'de bizi karşılayan hoş sürprizi anlatmazsam eksik kalacak bu yazı... "Aker Şarapçılık"ın sahibi olan Akerler (*Mesut-Gülferiz çifti ve yakışıklı oğulları İbrahim-Mustafa*) çok eski bir aile dostumuzdur. Yol üstünde bir kahve içelim, derken, şarap tadımından zeytinyağı serüvenine uzanan üç saatlik bir muhabbetle sarmalanıverdik...

Dönüş Yolunda

Pazar sabahı erken kalkıp kahvaltıdan sonra bir ev ziyareti yaptık: Vedat-Zuhal Seren çiftiyle içilen sabah kahvesi de âdeta mini bir seminere dönüştü ve eminim ki iki taraf da zenginleşti bu ufuk açıcı sohbetle... (*Cumhuriyet güzeli Muazzez Hanımı her yaz misafir etme isteklerini de şuracığa iliştirivereyim.*)

Unutmadan... Şarköy'de kaldığımız süre içerisinde

bizi bir dakika dahi yalnız bırakmayan -*belediyenin zabıta personeli*- Necati kardeşime (*kadim dostumdur ve biz ona Kunta Necati, deriz*) hem kendim hem de Muazzez Hanım adına çok teşekkür etmeliyim.

Netice itibarıyla, şarap-zeytinyağı duruluğu ve lezzetindeki güzel beldemiz Şarköy'de samimi, sıcacık ve gönlü geniş bir yuvamız olduğunu anlamış olduk: İlmiye Hanım, Yülmen Hanım ve bendeniz...

KAHVE ÜZERİNE BİR HAYAL ÇALIŞMASI

Yaz sıcakları dışında iki haftada bir gerçekleşen ve benim için âdeta -*üçer dörder saatlik de olsa*- bilgi yüklü seminerler yerine geçen "Çarşamba Toplantıları"ndan daha evvel de söz ettiydim... Şimdi nakledeceğim anekdotu (*fıkrayı*) da kahve ile ilgili bir sorum üzerine, dil cambazı olarak ünlenen Salâh Birsel anlatmıştı. Onun ağzından dinleyelim...

Hatırımda yanlış kalmadıysa, Macar yazarlarından Ferenc Molnár (1878-1952) -*ya da bir hikâyesinin kahramanı*- bir gece şöyle bir rüya görür: Güya, "kahve" denen keyifli içeceği keşfeden kendisidir (!) ve dünyada ondan başkası da bu içecekten haberli değildir! Bunun üzerine, patenti kendine ait olan bu keyifli içeceği her gün yüz milyonlarca kişioğlunun bir-iki fincan içtiğini ve birden bire dolar milyoneri olduğunu düşünür! Artık yapılacak tek şey kalmıştır: kafasındaki parıldayan ampulle beraber, şehrin en büyük bankasına gidip bu içeceği geniş çapta üretmek için banka müdüründen kredi talep etmek... Kahramanımız, sabahın köründe -*ve daha yüzünü bile yıkamadan*- şehrin en büyük bankasına gider ve banka müdürüne neyin nasıl yapılacağını teferruatıyla anlatmaya koyulur:

"Evvela, kimi adamları çok uzak diyarlara göndereceğiz: orada kısa boylu, küçük fidanlar arayıp bulacaklar ve bu fidanların üzerlerindeki olmuş taneleri toplayacaklar. Sonra, bu taneleri -madeni kaplarda- simsiyah olana dek kavurup toz haline getireceğiz. Ayrı bir kapta kaynattığımız suyun buharını da bu tanelere nüfuz edecek şekilde kararmış tozun içinden geçireceğiz. Buhar, tozun içinden geçip alttaki kabın içine kara bir su halinde dökülecektir... Bu arada, bir grup da bazı dişi memelilerin yavrularını beslediği beyaz sıvıyı -özel yöntemlerle- almak için görevlendirilecek: dâhiyane buluşum için bu çok gerekli çünkü...
Daha bitmedi...
Bir bitkiyi toprağa dikip sapları kalınlaşıncaya kadar bekleyeceğiz ve sonra da onları dilim dilim keseceğiz. Bu sapları, bir süre suda bekleteceğiz ve ortaya çıkan tatlı suyu buharlaşmaya bırakacağız. Son olarak da buharlaşma neticesinde kabın dibine çöken cama benzer siyahımsı şeyleri kırarak küp haline getireceğiz. Evet beyefendi, artık bize sadece 'kara su' ile memelilerden aldığımız 'beyaz sıvı' karışımının içine, küp haline getirdiğimiz 'tatlı şeyler'den bir-iki tanesini atmak ve sonra da bu üçünü güzelce karıştırıp afiyetle içmek kalıyor. hepsi bu!"

Sonrası mı?... Banka müdürü, elini kızaran alnına koyup: "İşinin ehli bir psikolog arkadaşım var; ona bir görünseniz hiç fena olmaz" demiş bizimkine...
Dar görüşlü adam, n'olacak!

PEDER VALENTINE'DEN MEKTUP VAR!

Ben, 3. yüzyılda Roma İmparatoru Marcus Aurelius Claudius Augustus Gothicus'un (MS *213/214-270*) döneminde yaşayan bir Hıristiyan papazıyım. İmparatoruma, II. Claudius (*Claudius, Latince "aksak/topal" anlamına gelir*), derler kısaca. Size şimdi, "14 Şubat Sevgililer Günü"nün nasıl ve nereden kaynaklandığını anlatacağım. Açın kulağınızı ve iyi dinleyin; birinci ağızdan, kaynağından öğreneceksiniz!

Claudius II, başımızda olduğu zaman zarfında -*hangi akla hizmetse*- askerlerin nişanlanmalarına ve evlenmelerine yasak getirmişti. Takdir edersiniz ki bu durumda askere adam bulmak bir hayli zorlaşıyordu. Ülkemi düşündüğüm için -*ölümü göze alarak*- askerleri gizlice sevgilileriyle birleştirmeye karar verdim. Bu yaptığım insanlık görevi (*hem vatanım hem de çiftlerin muhabbeti için*) ortaya çıktığında da tahmin edeceğiniz gibi ölüm kararım verildi. Kiminiz yakılarak, kiminiz başımın kesilmesi suretiyle ve kiminiz de sopa ile dövülerek öldürüldüğümü duydunuz. Bu işin tek doğrusu vardır ve bunu da en iyi bilen benim; ama konumuz bu olmadığı için bu tarihi hakikati kendime saklayacağım: affedin bu faniyi!

Neden 14 Şubat?

Nerede kalmıştık?... Hah, hatırladım: Prosedür gereği, infazımdan evvel bir süre hapse attılar beni. Bu davaya başımı koyduğum için (*siz şimdi, "Anlaşıldı, başı kesilerek infaz edildi" diye düşünüyorsunuz: düşünün düşünün!*) hapishanede de rahat durmadım. Yüce Tanrı'nın bize bahşettiği en büyük güzellik olan sevgi ve birliktelik adına, kalbime set vurmadım ve gardiyanın güzel kızıyla seviyeli bir birliktelik kurdum. (*Yanlış anlamayın hemen: hapishane orası garsoniyer değil!*) İnfaz edilmeden evvel de bu gönül dostuma -üzerine "*Senin Valentinin*" yazıp- sevgiyi ve aşkı anlatan bir mektup bıraktım. Tarih: 14 Şubat 269

Atalarımın yanına gönderilmemden tamı tamına 1571 sene sonra (*1840*), kurnaz bir Amerikalı olan Ester A. Howland'ın ilk "St. Valentine's Day" kartını bastırıp bunu bir sanayi haline dönüştürdüğü haberi geldi bizim tarafa! Pek sevindim, inanın... Düşünsenize, ismim dünya döndükçe sevenlerle beraber anılacak: az şey mi! Sizin memlekete de -*Amerika üzerinden aşırarak*- Hıncal Uluç nam bir gazetecinin tanıttığı söyleniyor bu isimle anılan günü (*gönül adamıymış sağ olsun*)... Gerçi Türk diyarında, alışveriş hovardalığı yapıyor, diye karşı çıkanlarınız da yok değilmiş hani!... (*Duymayayım bir daha!*)

Netice Olarak...

MS 496 senesinde, ileriyi gören bir Papa olan Gelasius tarafından "Aziz" ilan edildim ve bu karardan sonra, bir nebze olsun kemiklerimin sızısı geçti, diyebilirim. Ne de olsa bir çeşit "aklama"dır bu.

Aman sevenler, siz yakınlarınızın kıymetini öyle senelerce bekleyip de teslim etmeyin; hiç vakit yitirmeden, hemen şimdi bir kırmızı gül alıp gönül dostunuzun penceresinden atıverin!...

Tanrı sizi sevecektir, merak etmeyin!

PÜF NOKTASI

Eski devirlerden bir hikâye...

Rasim, meşhur bir testi ustasının en cevval çırağı, tam karşılığıyla söylemek gerekirse -*işi ateşle olduğundan mıdır bilinmez*- ateş gibi bir delikanlıdır...
Son zamanlarda sık sık gözleri dalar, geçmişin puslu dehlizlerinde hatıralarını birbiri peşi sıra kovalar olmuştu... O gün de kendini mazinin sorgulayan kucağında buluverdi... Hafif bir mahcubiyet duymuştu; ama gene de aklına geleni defetmek istemedi... Geçmişi, hataları ve kusurlarıyla kendisine aitti nihayetinde... Kalfalığa geçtiği gün ustası Galip Efendi tarafından hediye edilen ve hayatı boyunca sakladığı el emeği-göz nuru iş önlüğüne bakarak, ustasının, "İşin sen daha 'Püf noktası'nı öğrenmedin oğlum" sözünü hatırladı.

Destur

Rasim, askerlik vazifesini yapıp atölyeye döndüğü gün ustasının elini hürmetle öpüp başına koydu ve "Usta, benim bu altın bileziği kazanmam sayendedir; ama vakit geldi ve artık ben de kendi atölyemi kurmak istiyorum. Kendi testilerimin çeşme başlarında ve evlerin sundurmalarında dizili durduğunu, kadınların omuzlarında dolaştığını görmek istiyorum. Helallik almaya geldim; 'Destur' ver gideyim..."

Galip Usta, hiç beklemediği bu söz karşısında, "Oğlum, sen iyi bir çıraklık döneminden sonra çok kısa bir zaman zarfında kalfalığa geçtin; ama ustalık ve atölye idare etmek başka iştir. Bak bir daha söylüyorum: Sen daha bu işin 'püf noktası'nı öğrenemedin" dedi; ama kalfanın başka bir şey düşünmesini istemediği için işi uzatmadı ve "Peki, madem çok istiyorsun ve kendine güveniyorsun mesele yok o zaman. Hakkım helaldir sana; Allah yar ve yardımcın olsun" deyip kapıya kadar da uğurladı ellerinde büyüyen çırak/kalfa Rasim'i...

Su Sızdıran Testiler

Artık kendini usta olarak gören Rasim, ilk iş olarak çarşı içindeki bakırcıların yanında bir atölye yeri kiraladı, eski mahallesinden bir tanıdığının yetim çocuğunu yanına çırak olarak aldı ve kendi zevk ve becerisine göre testiler imal etmeye başladı... İşin garip tarafı, gerek şekil gerek ebat olarak her yaptığı ürün görenin aklında kalacak özelliklere sahip olmasına rağmen, her sattığı testi birkaç gün sonra geri geliyordu! Hep de aynı şikâyet üzerine: Rasim Usta'nın (!) testileri su sızdırıyordu!

Halbuki, ustası Galip Efendi'yle beraber yaptıkları testilerde ne böyle bir problem yaşamışlar ne de başlarına böyle bir şey gelmişti. Ne yapsa beceremedi ve yolunu Galip Efendi'nin atölyeye doğrulttu... Galip Usta, eski kalfasının mahzun halini görünce hemen vaziyeti anladı; testilerin neden çatlak-patlak olduğunun sebebini anlatma vaktinin de geldiğini düşünmüş olmalı ki testi çamuruyla bulanmış koskocaman elini Rasim'in omzuna koyup duruma açıklık getirdi: "Bak evladım sen yıllardır dikkat etmedin, farkına varamadın: Ben, önümde dönen testiye/çanağa arada sırada "püf" diye üflerim ve bu suretle zamanla testiyi çatlatacak olan bazı küçük hava kabarcıklarını patlatmış olurum. Püf'lerken ağzımızdan çıkan nem de buna yardım eder zaten. Hepsi bundan ibarettir. Başkaca da bir noksanın olduğunu sanmıyorum. Hadi bakalım, bundan böyle hiçbir işin 'püf noktası'nı küçümseme!"

Kalfa Rasim, Galip Usta'nın elini büyük bir hürmet ve sevecenlikle öpüp başına koydu; kendi kendine kızarak -*ama bir taraftan da bahtiyar bir edayla*- kapıdan çıkıp atölyesine doğru dalgın dalgın yürüdü gitti...

Mini pusula: *Rasim Usta, bir zaman sonra döneminin en büyük ustaları arasına girdi; ünü memleketi tuttu!... İşine gereken özeni gösterenlerin ve "püf noktası"nı yakalamaya çalışanların önünde engel olmaz, sözü boşuna söylenmemiş olsa gerektir!*

RANDEVU

Sözlükler, belli bir yerde belli bir saatte buluşma sözleşmesi olarak açıklıyor "randevu"yu... Bu edimin zamana bağlı bir kavram olmasından dolayı, sözleşilen saat dilimi içerisinde optimum yarar sağlanması gerekliliği de göz ardı edilmemelidir.

Randevu olgusu -*ne hikmettir bilinmez*- Batı coğrafyasında daha bir ehemmiyetlidir. Doğuya doğru gidildikçe ise içi boşalır; hatta mizah malzemesi bile olabilir.

Anlatayım...

Somali'de ticaret için bulunan bir işadamı, iki randevusunda da muhataplarıyla buluşamayınca arkadaşına dert yanmış: "Yav kardeşim, tam vaktinde gitmekle kalmayıp yarım saat de bekliyorum üstüne üstlük!" Arkadaşı, Somali'nin âdetlerini bildiği için gülümsemiş ve üzülmemesi gerektiğini söylemiş: "Sen burada daha yenisin, merak etme; her şey hallolur. Randevularına cevap da alırsın zamanla acele etme..."

Bu arada, mühim bir tüyo da vermiş arkadaşına: oranın yerlilerinin randevu anlayışını anlatan bir sözü tekrar ederek: "Saat 10.00'a doğru gel; ben de 11.00'e doğru gelebilirim. 12.00'ye kadar gelmezsem, sen 13.00'e kadar bekle ve saat 14.00'te de git artık?!"

Evet, belki abartılı bir anlatım; ama doğruluk payı olduğu da kesin. İsterseniz, Batı'ya biraz daha yaklaşalım; hatta kendimizden bir örnek verelim. Şimdiki olay, bir arkadaşımın başından geçmiştir; gerçektir: Arkadaşımın, doğum yeri olan ilin Nüfus Müdürlüğünden bir evrak alması gerekir. Sabah erkenden gidip sıraya girer ve kendisiyle ilgili her şeyi saat 10.00'da (*eyvah, gene 10.00!*) hallediverir; artık sadece bir imza atılması kalmıştır. Evrakı memura verir ve ne zaman alabileceğini sorar. Memurun sözü, inanın unutulacak gibi değil: "Öğleden sonra 'bir ara' gel?!"

Bir de hemen herkes, çok yakın vakte almak ister randevusunu. "Neden üç ay sonraya atıldı bu mahkeme; anlamadım arkadaş" diyenlere gülünmesi gerekir elbette. (*Mahkeme de [ya da bir toplantı] kişilerin birbirleriyle belli bir yerde/saatte buluşmaları anlamına geldiği için, bir nevi "randevu"dur.*) Sadece iki saat sürecek bir mahkeme ama bakalım kaç kişinin tam da o saatte/orada buluşması gerekiyor. Kabaca sayalım: Davalı ve davacı taraflar (*avukatlarıyla*), hâkim(*ler*), savcı, görevliler (*mübaşir ve o gün görevli olan odacılar vb.*)... Herhangi bir aksaklıktan dolayı -mesela, *birinin randevusuna gelmemesi gibi*- o günkü buluşmadan efektif bir sonuç çıkmadığını ve tüm bu saydığım kişilerin, ileriki bir tarihte yeniden beraber olmaları gerektiğini düşünün. Binlerce Lira/Dolar/Avro'nun ziyanı yanında, tekrar kazanılması mümkün ve muhtemel olmayan "zaman" da yitirilmiş olmuyor mu dersiniz!

Siz gene de saat 10.00'a doğru randevularınıza gidin; 11.00'e kadar bekleyin ve muhatabınız 13.00'e kadar da gelmezse, saat 14.00'te işyerinize dönün ve onun telefonunu bekleyin: belli mi olur, belki de arayacaktır?!

ÜÇ KITA

Bu harika anekdotu/fıkrayı, Râsih Nuri İleri'den (*kim olduğunu bilmeyenler -son senelerde maalesef tek başvuru kaynağı haline gelen- Hz. Google'a müracaat etsinler bir zahmet!*) dinlediydim yaklaşık üç sene evvel...

Râsih Beyin (1920-2014) amcası, gazeteci-yazar-fikir adamı Celâl Nuri İleri'dir (*1881-1938*). Soy ismi gibi ilerici ve yenilikçi olmasının yanında -*Râsih Nuri'nin tabiriyle*- "paradoks" bir adamdır Celâl Nuri... Nerede ne şekilde bir laf edip nasıl bir nükte dalgası yaratacağını kestirmek hiç de kolay değildir! Hani, nasıl derler: Ters köşe bir adamdır; Batılıların "Sui generis" dedikleri hususi tiplerden...

Lafa yekûn tutayım...

20. yüzyılın ilk çeyreğinde, Tarihi Yarımada'nın fevkani bir mevkiinde -*Avrupalı ve Amerikalı bir grup gazeteciyle*- âdeta edebi bir salon tesis edilmiş, muhabbet ikliminde bilgi devşirilmekte ve yemekler yenmektedir. Ev sahibi Celal Nuri İleri misafirlerine bilgi vermekte, İstanbul'u anlatmakta, anlatmakta, anlatmaktadır...

Bir vakit sonra, sıradan-sürüden muhabbetler sıkmış olacak ki Celal Nuri üstadı, ecnebilere bir oyun etmek ister. Fırsat kollama vaktidir artık... Ay yüzüne doğar ve istediği fırsat, gecikmeden altın tepside sunulur kendisine... Yeni Dünya'nın havalı bir gazetecisi, "Galata'dan İstanbul'u seyretmek pek hoş... İnsan böyle kıtalararası bir mevkide olunca resmen sarhoş oluyor" der ve şöyle devam eder: "Efendim, şimdi biz hangi kıtadayız?"

Celal Nuri İleri, zeki ve muzip bakışlarla, "Şimdi efendim, Avrupa kıtasındayız" şeklinde cevaplar muhatabını... Misafir gazeteci, sağ tarafa (*Haliç'e*) çevirir yüzünü ve "Burası ne peki" diye sorar bu kez de... Cevap, kemâl-i ciddiyetle verilir: "Ha, orası Asya Kıtası!"

"Allah Allah, e peki solumuzdaki koskocaman kara parçası (*Kadıköy tarafı*) neresi oluyor o zaman efendim" sorusu çıkar şaşkınlıkla misafir gazetecinin ağzından... Cevap bu kez, belki de Payitaht'ın en güzel nüktesine son noktayı koymaya adaydır: "Orası mı? Tabii ki Afrika kıtası?!"

Sonra mı?...

Sonrası, sevgili okur... Gazeteciler, yemeklerinin üzerine -*tatlı niyetine*- "üç kıta" aldatmacasını da yerler ve ülkelerine dönerler... Birkaç gün sonra, meraklı gazetecinin ülkesindeki bir büyük gazetede şu manşet görülür: "Üç kıtanın birleştiği şehirde büyülendik?!"

Hadise doğrudur... Amcasından bu fıkrayı dinleyip bana aktaran da -*yukarıda bahsettiğim gibi*- yakın tarihimizin mühim şahsiyetlerinden Doğan Apartmanı sakini Râsih Nuri İleri'dir.

BOŞ İÇMEYELİM BARİ!

Felemenk diyarında geçen senelerin hatırına bir anekdot daha...

1 Temmuz, "tütün severler" için "kara gün" olarak anılacak Hollanda'da; bu kesin! Bir düşünün, gerek sunum gerekse damak tadınıza tam manasıyla hitap eden bir mide ofisine (*restoran'a*) gitmiş, kızarmış ekmeğe baharatlı tereyağı sürüp uzun ve lezzetli bir âleme doğru şarap eşliğinde heyecanlı bir giriş yapmışsınız... Sırasıyla envaı çeşit meze, ara sıcaklar ve ana yemek ile kendinizi hiç sınırlamadan mükâfatlandırıyorsunuz... Tatlı ile final yapmadan evvel de deri mahfazasından 2 No. bir Montecristo çıkarıp nemli Latin meltemini damağınızda hissetmek için kahverenginin en tatlı tonundaki puronuzun baş kısmını (*dış sargının açılmamasına dikkat ederek*) hususi puro makasınız (*giyotin*) ile güzelce kesmeye niyetleniyorsunuz... Ama ne mümkün: sigara, pipo, puro vb. kapalı alanlarda içilmesi yasak?! (Şefaat Ya Resulullah!)

Kime Yarar?

Bu anlattıklarım işin bir boyutu, keyif boyutu; ama bir de akıllara ziyan dev bir ekonomik boyutu var bu işin (*bu tezgâh'ın, desem daha doğru olacak ya neyse*). İsterseniz, bu iş kimin/kimlerin işine yarayacak, evvela onu anlatayım; ona göre nihai kararı kendiniz verirsiniz artık:

Evvela, daha çok alkollü içki tüketilecek: E, dudaklar sigara hasretini başka nasıl unutsun! Yani, "karaciğere bağlı hastalıklar" artacak ve böylece sağlık sektörünün işleri de açılacak! Adım başı siroz hastası göreceğiz sağda solda: Hazırlıklı olun ey ahali! (*Akciğer hastalıkları [kanser filan gibi] azalacak, diye düşünüyorsanız, siz gene de öyle düşünmeye devam edebilirsiniz!*)

Kolayca tahmin edilebileceği gibi, çağcıl hastalık "obezite" de alıp başını gidecek. Onu içme, bunu içme; e ne yapacak ahali: Ha babam yemek yiyecek; yağlanacak, semirecek! (*Bakın burada da genelde sağlık sektörü özelde ise, rekonstrüktif ve plastik cerrahiye -nur olmasa da- para yağacak gökten!*)

Bitmedi...

Tütün yasaklanacak; ama keyif ehli bu kez de "Az içerim dolu içerim" diyecek ve çift kâğıtlılar elden ele dolaşacak! Malumunuz, bu Felemenk diyarı "paspal"a yatmaz! Ayrıca, "mal"ın en iyisi de zaten "Coffee-shop" vitrinlerinde göz kırpıp duruyor bize yıllardır! (*Elbette tüm bunları -ahaliyi tanıyan biri olarak- tahminen söylüyorum; henüz bir burhan yok elimde.*) Sizin anlayacağınız, "sulu-kuru" kardeşliği -tıpkı Yüzük Kardeşliği gibi- sarmaşık misali saracak piyasayı!

Sözün özü, bu yaz aylarından itibaren mis gibi olacak kafamız, mis!

Mini pusula: *Hollanda'da 1 Temmuz '08'den itibaren yürürlüğe giren -kapalı mekânlarda- tütün ve ürünlerini kullanma yasağı, ne hikmettir ki müsaadeli esrar satışının yapıldığı "Coffee-shop"larda geçerli değil; hatta, bu mekânlarda normal sigara içip içmediğimizi bile kontrol edeceklermiş: olur a, safi tütün filan içeriz?! Neden bu denli "konspiratif" takıldığımı anladınız mı şimdi!*

ŞİMDİKİ DE FUTBOL MU!

Vakti zamanında...

Futbol, bizim devrimizde daha güzeldi, daha hoştu; bir kere, hakiki manada sportmenlik hâkimdi... Sadece "futbolcular (*krampon-ül deccal*)" değil, salahiyet sahibi olanlar bile kendilerini oyunun içinde farz ederler; hatta, vaktin Bursa Valisi gibi, oyuna müdahale edenler (!) bile olurdu. Bu hadise meşhurdur; ama bilmeyenlere hatırlatmakta fayda görüyorum. Benim için pek eskilere dayanmasa da sizin için tarih sayılır?!

'40'lı seneler... Fenerbahçe, Bursa'da Bursaspor ile oynuyor ve tahmin edileceği üzre, üst üste Bursaspor ağlarını dalgalandırıyor. İkinci haftayımda (*half time*) Bursa Valisi, ahalinin hislerine tercüman olmak amacıyla devreye giriyor ve "Çağırın şu kara donluyu" diyor. Hakem, maçı durduruyor ve huzura (!) çıkıyor. Vali'nin sözleri ibretlik: "Efendi, efendi!... İlimin takımı mağdur durumda; yoksa farkında değil misin! Şu andan itibaren top, bir o direklerin, bir öbür direklerin arasından geçecek; biraz hakça davranın?!"

Evet, spordan anlamak (!) ve demokrat olmak böyle bir hadiseye sebebiyet verebiliyor demek ki... Daha eskilere, benim oyunculuk zamanlarıma gidelim isterseniz. Hem böylece, bazı futbol terimlerinin "Osmanlı Türkçesi"ndeki karşılıklarını da öğrenmiş olursunuz. O vakitler, oyuncu-seyirci münasebeti çok daha yakın, çok daha kuvvetliydi. Takımının zor durumda olması halinde bazı seyirciler dayanamaz ve sahaya inerler; hakem marifetiyle yakalanıp derdest edilene (!) dek de becerilerini sergilerlerdi! Hatta, "geri dörtlü (*cihâr'ül kümbed*)"ye iltihak edip "gol (*dâhil-i kal'a*)" atan (!) birini dahi bugün gibi hatırlarım. Bu gibi durumlara mani olmak amacıyla, "F.I.F.A. (*Fanatik İhvanı Frenleme Ajansı*)" tarafından bir Kânun Hükmünde Kararname neşredildiğini de belki duymuşsunuzdur. Neşredilen K.H.K., sadece seyircilerin "offside (*hücum-ı beleş*)"dan attığı gollerle alakadar oluyordu gerçi; ama hiç yoktan iyiydi gene de... Hülasa, eski seyirciler "interactive" idi!

O zamanki futbol, umumiyetle "adam adama (*âdem-i âdemiyye*)" mücadele şeklinde oynanır; herkesin bir adamı olur ve o adam katiyetle rahat bırakılmaz; ama "faul (*darbe-i abes*)" de pek yapılmazdı. Mesela, bizim takımda bir Azmi vardı. Hani, ismiyle müsemma, derler ya: aynen öyle. Aman efendim, o ne azim! Peşine takıldığı rakibini bir lahza olsun rahat bırakmaz; adım dahi attırmazdı âdeta. "Hicaz pulu" gibi adamdı sizin anlayacağınız. Süratliydi de: Onun ayağından topu ancak "elle müdahale (*darbe-i müstehcen*)" ederek alabilirlerdi.

Siz şimdi, kalelerimizde file olup olmadığını düşünüyorsunuzdur, eminim. Onun çaresini de bulduk; merak etmeyin! Müsabaka günleri, balıkçı Anastas'a müracaat ederdik! Anastas, balık ağlarını ne için kullandığımızı -*tahminimce*- hiçbir zaman öğrenemedi; yoksa, böyle bir şey söyler miydi: "Çocuklar, voliye çıkacağım; iyisi mi bu hafta ben size paraketeyi vereyim?!"

Mini pusula: *Parakete: 1- Üzerinde yüzlerce iğneli köstek bulunan uzun balık oltası. (Yazıda geçen anlamı budur.) 2- Geminin saatteki hızını ölçmeye yarayan cihaz.*

MEKÂNIMIZ, ULU MİMARIMIZ KOCA SİNAN'IN BASKIN TEFTİŞİNE MARUZ KALMIŞTIR

Aşağıdaki iki mektup da Ulu Mimar'ın ağzından çıkmış sayılır; çünkü, tahayyül hanemde yeşerttim onları...

1. Mektup: BEN O HAMAMI...

Bu tarafın melâikelerinden bir "girdi-çıktı" kâğıdı alıp dünyayı şöyle bir turlayayım, dedim... Dileğim kabul gördü Allah (cc) râzı olsun...
Ah keşke gezmez-görmez ve turlamaz olaydım! Allah'ın (cc) adını ve Ali Osmanî'nin gücünü resmetmek için döktüğüm beyin-beden gücümü kimlere emanet etmişim meğerse... Kimlere!
Evvelâ, Üsküdar'da memnûn mesrûr dolaştım: Onlarca eserimi en iyi koruyan semt Üsküdar'dır, biline!... Hele o, etek giymiş bir hanım edasında -ve elbette, *mekânı Cennet olsun Kanunî Sultan Süleyman Han'ın direktifleriyle-* inşa

ettiğim "Mihrimah Sultan Camii"ni hâlâ aynı zarafetiyle gördüm ya bu bile bana yeter! (Ah *"Mihr ü mâh"*, ah!)

Cadde-i Kebîr

İkindi vakti de Ağa Camii'ne doğru bir uzanayım, dedim. Hani şu Cadde-i Kebîr tarafında olan... Uzanmaz olaydım! Halbuki, ben o caminin karşısına ne emeklerle -*ve bölümleri ilk günkü gibi aklımda olan*- bir hamam da yapmış idim: Gelene "merhaba" diyen bir "soyunma", ara aşama olan "ılıklık" ve ter atmak için "sıcaklık ve göbektaşı" yanında, hamam ocağının bulunduğu ateş topu gibi bir de "külhan"... Gerek Müslümanlar gerekse Gayrimüslimler gelip -*gusül dahil*- apteslerini alsınlar, "pîr ü pâk" olsunlar, diye... Dört yüz küsur sene sonraki kişioğulları, "Neler yapmış atalarımız, helal olsun; ayakta durduğu sürece temizliğin ve imanın direği olarak kalsın bu mekân" diyeceklerine, her türlü süflî işlere merkez eylemişler cânım hamamımı vallahi!

Utandım!

Esâsında ismi de pek hoş doğrusu: "Hamam Beyoğlu".
"Bir yüzük taşı gibi itinayla vücuda getirdiğim bu eseri Beyoğullarına tahsis etmişler aferin torunlarıma" diye düşünerek biraz daha yaklaştım ki aman Yâ Rabbî; bunu da mı görecektim: Kız-kızan, kadın-erkek karışık-kuruşuk oturanları mı istersin, masalardaki iftariyeliklerle çeşit çe-

şit mey nûş edenleri mi! (*Bizden sonra, müskiratın dibine vurmuş millet meğerse...*) En iyisi, girişten itibaren anlatayım ben size bu rezilliği... Ağa Camii'nin tam karşısındaki daracık patikadan duhûl edilen bir kapısı vardı bu müstesna mekânın. Allah'tan (cc) bu durum aynen korunuyor. Ammâ, gelin görün ki patikadan itibaren resmen bir açık hava meyhânesi/keyifhânesi kurmuş bu dürzüler!

Geçerken, şöyle bir göz ucuyla bakıverdiydim: çeşit çeşit mezeler, özel marine edilmiş etler ve -*sahibi oltacı mıymış neymiş onun marifeti olsa gerek*- bizim Barbaros Hayrettin'in (*meraklısına: Hayr üd dîn: din'in hayrı demeye gelir*) gezdiği deryâlardaki tüm balıklar, masalarda mis gibi arz-ı endâm etmekteler... Üç-beş basamak çıkarak, "Nihayet 'Sokak Meyhânesi'nden kurtuldum" derken, esâs rezâlete dalmış oldum: Hemen sağ kapıdan çıkan civanların kulaklarındaki küpeler ve kızcağızların kıçlarındaki dövmeler pek utandırdı beni doğrusu... Mehterânımızın gülbankları (*yüksek sesle okunan güzel dua*), sözünü ettiğim "deli odası"ndaki yüksek sese göre "hafif müzik" gibi kalırdı, inanın!...

Özel izinle buraya kadar gelmişim, bari tarafımdan '70'li yıllarda (*açın gözünüzü: 1570!*) yapılan şu hamamın kubbesini göreyim" diye, bir kat daha çıktım. Aman efendim, meğerse esâs rezâlet oradaymış: Gökkubbemizi gözümde canlandırarak inşâ ettiğim hamam kubbesinin etrafı çepeçevre masalarla dolu; üstelik, kadınlı erkekli muhabbet de gırla gidiyor! "Bre şerefsizler, bre imansızlar! Tövbe tövbe... Sizin ben gelmişinizi, geçmişinizi ve testiden su içmişinizi" diyesim geliyor; ammâ, torunlarımsınız, diyemiyorum...

Ben ki: Bayat'taki Ayakapı-Vâlide Hamamı'nı inşâ ederken (*1582*), Musevî inancındaki -*Müslümanlıktan farklı olarak*- gusül abdestinin, içinde hareketli suyun olduğu bir havuza girip çıkarak gerçekleştirildiğini bilen biri olarak ve bu durum gereği oraya derhal bir havuz yaptıranım. Neyin, ne zaman ve ne şekilde yapılması gerektiğini -*aradan değil 400-500, 1000 sene bile geçse*- gene de bana siz öğretemezsiniz ulan!

O mekânda, kristal peymânelerle "şerefe üstâdım" denecek olsaydı, gene önce biz derdik; bize yol-yordam öğretecek değilsiniz ya!

Günaha sokmayın adamı!

Sinan,
Mimarbaşı SİNAN

II. Mektup: SİZ BENİ YANLIŞ ANLADINIZ!

Sizi gidi zibidiler sizi! Demek pek kırıldınız sözlerime... Esâsında ben de pek haksız sayılmam hani: Bu mekânda ne işler görülürdü vakt-i zamanında; şimdi ise ne işler görülüyor! Şaşım şaşım şaşırdım efendiler; bana da hak verin biraz...

Bu Oğlan Pek Bitirim!

Kubbe çevresini turlarken efendice, eli-yüzü düzgün bir "kara çocuk" yanımda bitti ve "Ne bu asabiyet Sinan Baba; Allah muhafaza sekte-i kalpten gidiverirsin" dedi. Evvelâ, "Sen de kim oluyorsun, git bak işine; tapusu sende mi ulan buranın" dedim elbette... Lakin, hakikaten de mekânın tapusu bu oğlandaymış; daha doğrusu, müsteciriymiş buranın. Tam da müşterilerin bahçe'yi ve bütün salonları doldurduğu hafta sonlarında sayd-i mâhî'ye (*balık avına*) gidermiş bu çocuk. (*Sizin anlayacağınız, garip bir oğlan!*) Bunları hep kendi anlattı; müneccim miyim ben canım, nereden bileceğim başka türlü!

Hikâyenin gelişinden çakmışsınızdır, hafiften yelkenleri suya indirmiş vaziyetteyim; çünkü, mekânın sahibi olan bu sırım gibi delikanlı sayesinde onlarca insan ekmek yiyor bu kapıdan efendiler, boru değil! (*Hâlâ hazmedemiyorum: Yahu, bu kapıdan yıkanıp temizlenmek için girilirdi eskiden!*) Bir de şunu anladım ki hamamın şimdiki sahibi olan Süleyman Muvaffak Efendi'nin (*ism-i evveli "Aygün", sülâle nâmı da zamanı lisanında "Başarır" imiş. Ne biçim isimse, "Ay" ve "Gün"!*) ikna kabiliyeti pek yüksek. Zaten beni de iki dakikada bağlayıverdi: Yok efendim, eskiden pây-ı tahtta nasıl balık avlanırmış; kaç çeşit balık yüzermiş Âli Osmanî'nin sularında filan...

Hep bunları suâl ediyor. (*Zannımca, bu çocuk genç yaşında balıklarla bozmuş! Sana ne be birader; sen balık tarihçisi misin!*) Hatta, bir ara kaptırdı kendini ve "O zamanlarda 'tırıvırı' var mıydı" diye bir suâl bile etti... Ben de "Evet, ammâ sadece "Padişah Efendimiz"in damadı Rüstem Paşa'da var idi ve o da kimseye koklatmazdı" dedim. (*E canım, elime düşürmüşüm bir kere; bu kadar da "makarakukara" yapmayayım mı yani!*)

Ne Yemekler Ne Yemekler!

"Uzun yoldan geldin, gel senin zilliyi bir kıralım" dedi. Karnım zil çalıyormuş ve o da yemek ikramında bulunacakmış. (*Hem çaktım elbette, "zil" manyelini.*) İçim elvermediğinden, hamamın kubbesini göremeyeceğim bir yere buyur etti beni: husûsî salonmuş. Geçtik oturduk. Breh breh breh!... Mezeler, iftariyelikler ve envaı çeşit (*biz böyle yazardık: düzelteni?!*) salatalar yanında; et ve ot yemeklerinin de haddi hesabı yoktu vallahi!... Bu dünyayı 98 yaşında terk eden biri olarak söylüyorum: Allah (cc) sizi inandırsın, böylesini görmedim müddet-i ömrümde!

Etleri-otları silip süpürdükten sonra da balık faslına geçtik: Bahr-i Esved ve Bahr-i Sefîd'de ne kadar mâhî (*balık*) varsa masaya yatırdı mübarek adam! Hepsinin de enteresan bir avlanma hikâyesi var. (*Uyduruyor da olabilir elbette!*) Mesela, "Sinan Baba bu 'sinarit'i güverte etmem tam iki saatimi aldı" dedikten sonra, bir diğerini işaret ediyor ve "Bunu ise üç günde çektik" diyor! (*He ya, ben de yedim!*) Son olarak bir balık geldi ki masaya, gelinlik kız gibi maşallah! İsmi "trança" imiş ve kilosu 100 USD'den gidiyormuş (*bu USD denen bizdeki Filori olsa lazım gelir*). "Babacım, bunu kaçırmıştım; hâlâ içim yanar" dediğinde tamam olarak anladım ki sallıyor bu oğlan. (*Ulan madem kaçırdın, masaya kendiliğinden mi geldi bu meret!*)

Her şey bir yana, bu çocuk ya çok husûsî bir balık aşçısı ya da mutfaktaki ustası çok iyi. Başka türlü bu kadar lezzetli balık pişirilmez a canım!

Dağıttık!

Esâs mevzuu atlamayayım... Allah (cc) affetsin artık! "Bak babalık (*gittikçe de lâübâlî olmaya başladı ya neyse*), artık memlekete laiklik geldi" dedi; "Cumhuriyet geldi" dedi; "Zevk alalım dünyadan" dedi; "Keyfini çıkar bu âlemin" dedi; "Kafan mis gibi olacak" dedi ve su dökünce ağaran süt gibi bir şey içiriverdi bana. Aslan sütüymüş meğerse... Anasonlu ve sertçe bir mâyi. İki kadeh üst üste çaktım; gözlerim birdenbire çakmak çakmak oldu ve o dakikada etrafa bir başka gözle bakar oldum?!

Lakin, odada yalnızız. Dedim ki "Delikanlı, hûrî olmaya namzet hatunlar var idi kubbe etrafında; şunlara bir 'Merhaba!' desek, hiç fena olmaz hani!" Feraset sahibi çocuk, hemen durumu çaktı ve koluma girip beni "Kubbeli salon"daki bir köşeciğe oturtuverdi. Malum, kafam 5 bin (*şimdilerde "1 milyon" deniyormuş*)! Hatuncuklar da bir meraklı eski zamanlara... Onlardaki bu tarih bilinci pek tesir etti bana doğrusu. Uzatmayayım... Onlar suâl etti ben cevapladım; onlar suâl etti ben cevapladım ve cevaplanacak suâl kalmadığında da son sözümü ettim ve Galata Sarayı istikametinden hakikî âleme doğru aktım gittim:

"Çocuklar siz beni yanlış anladınız; ben de sizi pek sevdim nitekim!"

Sinan,
Müsâmahakâr SİNAN

Mini pusula: *Tahayyül hanemde yaşatıp sizinle paylaştığım bu yazıdan ötürü -manevi huzurunda- "Koca Sinan"dan af dilerim!*

REKLAMCI TAVUKLAR

Hayali bir reklam yazısı...

Yıldız Sarayı'nda, kuşhanenin hemen yanındaki küçük kafeteryayı çalıştırdığım senelerde, ilk zamanlar işlerim iyi gitti... Şurup-şerbet satarak, hatırı sayılır bir para yaptığımı hatırlıyorum. Seven-up ve Coca Cola henüz çıkmamıştı piyasaya. Mürefte'den gelen tatlı-sert şarapların aleni satışı da yasaktı elbette. Artin Efendi müstesna! Çünkü, müskiratı satma ayrıcalığı sadece ona aitti ve bu müsaadenin de 5 bin altına mal olduğu söyleniyordu. Tevatür muhtelif...

Sonraları, işler kesat gitmeye başladı. Dükkânımda, hatta Dersaadet'teki umum sinek sayısında hatırı sayılır bir düşüş olduğu; devrin istatistikleri incelendiğinde rahatça görülebilir! (*İnanmayan, o zamanın iaşe takip-stok defterlerine bakıversin!*) Gene bir gün melûl melûl düşünürken, aniden davudi bir sesle irkildim: "Vuslat sizin diyarda âdet değil midir arkadaş!" Aman Allahım; bu bizim Agaton! Mekteb-i Sultani'den sıra arkadaşım... Zekidir, nüktedandır; ama biraz da malumatfuruştur doğrusu.

Çok şık ve artistik giyinir. Bu sebeple de aramızdaki ismi "süslü"dür!
"Yahu bu ne hal" diye, hemen beni avutmaya başladı. Zira, Karesi'ye (*Balıkesir*) ziraat müfettişi olduğundan beri pek görüşemiyorduk. Hoş-beş derken, ticari kaygılarımdan söz ettim biraz. Evvela sakince dinledi ve "Sende tanıtım işleri noksan; bu iş böyle yürümez üstadım" diye mutantan bir girizgâhla başlayarak müddeti ömrümce unutamayacağım bir PR (*Public Relations*) dersi verdi bana:
"Mesela, hiç düşündün mü tavuk yumurtası niçin daha çok tüketilir kaz ya da ördek yumurtasına nispetle? Üstelik, amino asit/protein yönünden daha zengin oldukları da söylenemez; çünkü, tavuklar bu işi biliyorlar, yumurtlarken 'gıdak gıdak' diye yırtıyorlar ortalığı! Yani, mallarının reklamını üretim anında yapıyorlar; ürünlerini, daha çıkarken tanıtıyorlar senin anlayacağın! Biz de bu sebeple -*fark etmeden*- onları tercih ediyoruz. Baksana, tavuk ürünleri sanayii oluştu resmen. Bayramlık koç gibi: mübareğin her bir uzvu sofralarımızın devamlı misafiri. Sen de oturmuş burada, kendi kendine gelecek müşteri (!) bekliyorsun; olacak iş mi kardeşim: Reklam yap reklam!
İbrahim Müteferrika'nın çırakları, matbaa işini bir hayli ilerlettiler; mesela onlara birkaç bin tane el kâğıdı (*destü'l evrak*) bastır ve saray çevresine dağıt. Eminim ki faydası olacaktır. Keşke günümüzde, havacılığın atası Hezârfen Ahmed Çelebi gibi biri olsaydı: Yatak çarşafına yaz sloganını, tak kanatlarının arkasına, sal kendini Galata'dan Haliç'e... Al sana semada reklam! (*Bu kez ben de biraz uçtum ya neyse!*) Bu kadar sözü boşuna söylememişimdir umarım; haydi eyvallah..."

Evet, Agaton Efendi bana bunları anlattı ve Sadaret'te mühim işleri olduğunu söyleyerek kahvesini içip gitti. Ben de bir süre, boşalan kallaviye bakarak durum muhasebesi yaptım. Kararımı vermem uzun zaman almadı: Takip eden günlerde, çeşitli reklam mecraları kullandım; şimdi işlerim gene tıkırında Allah'a şükür. Eminim ki sizin için de en uygun tanıtım yolunu tayin etmek pek zor olmayacaktır. Elbette takdir sizin: İsterseniz arkasında reklam flaması sürükleyen tayyare bile kiralayabilirsiniz. Nasıl olsa, keyif de sizin paracıklar da...

Yeter ki vakit yitirmeden bir şeyler yapın; çünkü, tavuklar tarafından makaraya alınmak var işin ucunda!

HEDEF KİTLE VE "TİKTAK KUNDURA"

Ciltlerce kitap okusanız da saatlerce konuşma bandı dinleseniz de aylarca satış-müşteri ilişkileri kurslarına gitseniz de şimdi yazacağım anekdot kadar öğretici bir bilgiye sahip olmazsınız!... Bu anekdot, "hedef kitle" ile ilgili yazılıp çizilenlerin şahikasıdır!

Çok iddialı girdim: farkındayım!... Bakalım nasıl toparlayacağım?!

Tiktak Kundura'da Bir Çırak

'30'lu senelerin İstanbul'u... Ailesi, hiperaktif bir çocuk olan Kirkor'u, 7-8 yaşına geldiğinde hem durduğu yerde duramaz hallerine bir çare bulmak umuduyla hem de bir sanat öğrenir ve nasıl olsa yabancıya da pek nazı geçmez, diye düşünerek Karaköy'de bir ayakkabıcıya çırak olarak verir: "Tiktak Kundura".

Küçük Kirkor, kendisi gibi Ermeni olan bu ayakkabıcı dükkânında getir-götür işlerine bakar bir süre... Ustası sık sık, "Kirkor, sen kaç tanesin" diye sual etmek mecburiyetinde kalır; çünkü "bir orada, bir burada"dır bizim uçan delikanlı! Durduğu yerde durması men edilmiştir büyük bir güç tarafından âdeta!

Pratik/Plastik Terlik

Bir gün, "Tiktak Kundura"ya İzmir'deki bir fabrikanın satış elemanı gelir... Pazarlamacı Yahudi'dir ve elinde de o güne dek görülmemiş türden -*takunya-terlik karışımı*- bir ayakörten vardır... Handiyse banyo terliği denebilir buna...
Lafa yekûn tutayım...
Bizim pür hareket Kirkor'un yapacağı iş bulunmuştur artık: boynundan geçen iki kayışla yere paralel/asılı duran bir tabla yapılır hemen terlikler için... Kirkor bu satış tablası ile Karaköy civarındaki işyerlerini, yokuşları of demeden arşınlar durur; ama, bir çift terlik bile satamaz günler boyunca...

İşi Bilen Biliyor

Talihi yüzüne bakmış olacak ki bir gün yüksek sesle ve hatta pervasızca konuşan bir kadın çağırır bizimkini ve "Nedir bunlar kuzum" der merakla... Kirkor, hemen gereken bilgiyi verir: Terliktir bunlar, terliktir amma suda şekli bozulan, koku yapan türden değil; suya dayanıklı ve pratik terliklerden! Daha sonraki senelerde, hayatımda gündüz gözüyle bu kadar boyanan, bu şekilde frapan giyinen bir kadına tesadüf etmediydim, diyecektir ilk müşterisi için Kirkor Mıhçıyan...

Gösterişli makyajı ve çatallaşmış sesiyle küçük Kirkor'a sual eder kadın bu sefer de: "Şimdi iki çift alacağım... Sonra gene lazım olursa nerede bulacağım seni peki?" Cevap kısadır: Yüksekkaldırım'daki "Tiktak Kundura"nın çırağıyım...

Ne Olduysa...

Haftalarca tek çift satılmayan plastik terliklerin müşterileri artık sökün etmeye başlamıştır "Tiktak Kundura"ya... Gelenler de sanki tornadan çıkmışçasına birbirlerine benzemektedirler: hal-tavır ve rahatlık açısından! Bir gariplik vardır bu işte ama ne? Nihayetinde, dükkân sahibi bu muammayı çözer: Birinci mühim nokta, satışların Yüksekkaldırım'dan, yeryüzünün en eski mesleğinin icracıları olan hanımlar tarafından desteklenmesi; ikinci olarak da ürün taliplilerinin suya dayanıklı olduğu için plastik terliğe rağbet etmeleri...

Pazarı Buldu!

Nihayetinde, satışların artması üzerine siparişler verilmeye başlanır İzmir'deki fabrikaya... Satış temsilcisi bizzat gelir ve durumu öğrenir öğrenmez fabrikaya, kendisi gibi Yahudi olan patronuna telefon açıp heyecanla haykırır: "Patron, siz yanlış yerlerde dolaşıyorsunuz; burada bir Ermeni oğlan var, çıraktır; pazarı keşfetmiş: kerhanede satacaksınız?!"

Mini pusula: *Bu harika anekdotu, Mıhçıyan ailesinin dostu olan tarihçi Saro Dadyan Beyefendiden dinlediydim... Borcum olan teşekkürü huzurlarınızda sunmak isterim kendisine...*

TİYATRO VE GÜZEL KONUŞMA

Güzel sanatların en güzellerinden ve en özellerinden biri olan "tiyatro"nun, toplumsal açıdan bu denli etkili olmasının sebebini hiç düşündünüz mü? Hiç düşündünüz mü, toplumsal kabuller üzerinde bu denli güçlü yaptırımlara sahip olmasının, acaba neye/nelere dayandığını? Ben düşündüm; hem de çok düşündüm...

Bu tür konularda, herkes "kendine göre" bir şeyler söylediği için, "Kaynağına ineyim ve yaşayan abidelerden birine sorayım en iyisi" dedim ve yaklaşık 20 yıl evvel, Türk tiyatrosunun pirlerinden Necdet Mahfi Ayral'a başvurdum, merakımı gidermek için. Tanımayanların olabileceğinden hareketle, önce N. Mahfi Ayral'ı kısaca tanıyalım: Necdet Mahfi, 6 Ağustos 1908'de İstanbul'da doğup 6 Haziran 2004'te de gene İstanbul'da vefat etmiştir. '90'ların başında, torunun kızı (!) sahneye çıkmıştı çocuk tiyatrosuyla. Dört nesil tiyatrocu bir ailenin en büyüğü olmasının yanında, "en yaşlı tiyatro oyuncusu" unvanı da onda kaldı uzun seneler. Doksanlı yaşlarını selamladığı yıllarda dahi, duru ve güzel Türkçesiyle seyircilere ders verirdi âdeta...

Yazımın başında belirttiğim soruyu kendisine yönelttiğimde, gözlerime bakıp kelimelerin üzerine basa basa şöyle demişti bana, o güzel Türkçesiyle: "Çünkü, tiyatroda dekor var, kostüm var, rejisörlük var, ışık var, resim var, müzik var makyaj var... Senin anlayacağın, var oğlu var!

En önemlisi de 'güzel konuşma' var. Sen, bu saydıklarımın hepsinin bulunduğu bir sanat kolu/dalı gösterebilir misin bana! İşte bunun için, sanat kollarının en büyüğü tiyatrodur; işte bunun için, halkla bütünleşebilen sanat kollarının en önde gelenidir. Comédie Française'nin kurulmasını takip eden yıllarda Fransızlar, bir kelimenin telaffuzunda kararsız kalırlar ya da tenakuza düşerlerse, şöyle derlermiş: 'Bu akşamki oyunu seyretmeye gidelim... Eğer, oyunda bu kelime geçiyorsa, doğru telaffuzunu öğrenmiş oluruz böylece...' İşte böyle bir şeydir tiyatro. İnsanların, beraber yaşamaları ve anlaşabilmelerinin temeli olan 'lisan'ı da korur ve kollar aynı zamanda."

Sevgili okur, "Tiyatro, neden görsel sanatlar içinde bu denli etkilidir" şeklindeki soruma, üstadın verdiği cevabı okudunuz... Ne dersiniz, hocaya hak vermemek elde mi!

YALNIZ BENİM OL!

Bu yazımı, ismi bende saklı bir güzelliğe ithaf ediyorum; en derin merkezimi -musiki nağmeleriyle- esir alan bir güzelliğe...

Hani, Teoman Alpay'ın "Rast" makamında bestelediği bir şarkı vardır, "Sevmekten Kim Usanır" diye... İşte o hesap, bıkmadan usanmadan nihai noktaya ulaşmış bulunuyorum; bak artık seninleyim: "Nezih Güzelliklerin Eşsiz Timsali" güzel sevgilim.

Hadi gel, beraber söyleyelim o muazzam "Hüzzam" eseri: "Küşâde Talî'im Hem Bahtım Uygun".

Biliyor musun, çoğu vakit, "Ela Gözlerine Kurban Olduğum" diye haykırıyorum ve "Hicaz"ın tadı bir başkadır; bunu da iyi biliyorum. Uykumda sadece "Hicaz"a yol verip "Sevemez Kimse Seni" diye

mırıldandığımı söylüyorlar: Ne hoş değil mi! "Kalbimin Sahibi Sensin, Orda Yalnız Sen Varsın" isimli "Hüzzam" eser de zaten -istesem de istemesem de- mütemadiyen kalbimin terennümüdür; ben dursam o durmaz!...

Farkındasın elbette, sonbahar esintilerine kaptırdık

kendimizi bu günlerde... Desene, gene bir "Hüzzam" eserde, "Sen Sanki Baharın Gülüsün" şarkısında mola vermek icap ediyor şimdi de... Gerçi, "Hicaz" makamında bestelenen, "Dediler Zamanla Hep Azalırmış Sevgiler" de bir başka güzelliğe yelken açar; ama bizdeki "Ay" ve "Güneş" çarpışması, bunun böyle olmayacağının kanıtıdır: Merak etme sakın!

Sanımca ve kanımca, "Muhayyer Kürdi" ile "Aşkın Kanunu Yazsam Yeniden", diyebilseydim sana biriciğim: İlk ve tek kuralımı, "Rast" makamından fısıldardım musiki aşkıyla yanan kulaklarına: "Yalnız Benim Ol" diye...

Allah saklasın; ama olur ya bir gün gelir de o "Kürdili Hicazkâr" eserin güftesiyle inlersem, "Beni Kör Kuyularda Merdivensiz Bıraktın" diye; sakın ola, "Zamanla Geçer, Bu Aşk da Hicran da" şeklinde seslenme bana "Hüzzam"ın ağır ve içe işleyen nağmeleriyle!

Öyle bile olsa, ben her zaman "Hicaz"da karar kılıp "Ada Sahillerinde" bekliyor olacağım seni ve tekrar edeceğim durmadan "Rast" makamına sımsıkı sarılarak:

Yalnız Benim Ol!...

    Yalnız Benim Ol!...

        Yalnız Benim Ol!...

YILDIZ TABYA'DAN YALLAH!

Açın gözünüzü/kulağınızı ey ahali!... Dünyanın en güzel uğraşlarından biri olan balıkçılığın/oltacılığın büyük ustası "Saros Fatihi Süleyman Aygün Başarır"ın bir ihracat serüvenini anlatacağım size bu yazımda...
Aşırı hürriyet aşığı "Hain bir kerevit" ile "S. Aygün Başarır", olayın kahramanlarıdır... Bir de elbette Alibeyköy'de (*özellikle Yıldız Tabya Yokuşu'nda*) ikamet edenler... Eğer o ihracat bugüne dek devam etseydi, iddia ediyorum ki dış ticaret açığımız sıfırlanmasa da kesin yarıya filan inerdi (*gülün siz gülün*)...

Bu Bir Hakikattir!

'80'li yılların ortasında, kerevit ihracatına soyundu Aygün dostum... Kerevitleri toplamak, sandıklamak, depolamak, ihracat müsaadelerini ve kâğıt-kürek işlerini halletmek yanında, onları pikap'a (*pick up*) yükleyip gümrüğe götürüp teslim etme işini de bizzat kendisi hallederdi! Hepsini tek başına yapıyordu, inanın. Tek kişilik ordu, derler ya o hesap yani... Kerevitleri de (*hep kereviz'le karıştırırım bunu; halbuki birinin son harfi "t", öbürünün "z": karıştırılacak ne varsa!*) ihracat için belli bir miktara gelene dek, Yıldız Tabya Yokuşu'nda kiraladığı bir depoda saklıyordu. Saklıyordu, sözü garip gelmesin sakın. Siz olsanız tek tek kelepçe takardınız onlara billahi!

Hele siz bir yazının devamını okuyun...

Ne diyordum efendim: İhracat kalemi gittikçe artmaya başlamıştı ve devamlı katlanarak ihracat yapıyordu "Kerevit Kralı Süleyman Aygün Başarır"... İhracat üstüne ihracat, yetmedi bir daha ihracat ve gene katlaya katlaya ihracat! Soluksuz ihracat, sizin anlayacağınız... Türk Dış Ticaret çevrelerinde de artık ismi gittikçe büyümeye, büyümeye ve gittikçe daha da büyümeye başlamıştı. "Bu ülkenin dış borcunu, kurtarsa kurtarsa Aygün Başarır kurtarır" sözü, iş âleminin diline persenk olmuştu âdeta. Ta ki o meşum gün'e dek...

Eyvah ki Eyvah!

O gün için, "Yıldız Tabya Meydan Muharebesi (YTMM)" diyen de vardır, "Büyük Kerevit Faciası (BKF)" diyen de...

Şahitlerin ifadelerine göre, acı olay şöyle gelişmiştir:

Evvela, bir tespit: Bu tatlı su ıstakozları (*binominal nomanklatüre göre: Astacus leptodactylus*), sürü psikolojisi denen kavramın mahlukat içindeki bayraktarları olmaları yanında, aynı zamanda her biri, hürriyet meşalesinin alevini de sürekli fayrap (*fire up*) eder durur! (*İttihatçı bunlar, İttihatçı!*)

Bir kuşluk vakti (*kuşluk vakti: güneşin doğmasından itibaren şer'î günün dörtte biri kadar olan zaman aralığıdır; yani, sabahla öğlen arası*) bunların en kerevit akıllısı, kuzu kuzu Aygün dostum tarafından paketlenmeyi bekleyeceğine; sen tut, sokağa çıkış için bir delik bul ve vur kendini Yıldız Tabya'dan aşağı! (*III. Ahmed'in Sa'd-âbâd bahçelerinden de cumburlop Haliç'e! Zannımca, niyeti buydu cin fikirli kerevit'in...*) Diğerleri de elbette arkasından... Sanırsınız ki piyade birliği resmi geçit yapıyor! Hadi bunlar firar ediyor; e canım bu Alibeyköy sakinlerinden (*onlara "sakin" diyenin!*) aklı başında bir Allah'ın kulu çıkmaz mı, tutup bu lider pozisyonundaki asi'nin yönünü değiştirsin ya da gerisingeriye koğuşuna koyuversin! Aksine, sanki bütün mahalle silah-bayrak üstüne yemin etmiş gibi, zafer nidalarıyla öldürmeye başlamışlar hayvancağızları?!

Ayakkabısını, sopasını, istekasını, tavasını, küreğini, kazmasını, baltasını, ingilizanahtarını, beyzbol sopasını (*bunu nereden bulduysalar!*) kapan ahali, bir yandan katliama devam ediyor, bir yandan da "Su canavarları bastı mahalleyi, imanı olan vursun; gün bugündür" diye bağırıyormuş...

Yazık Oldu!

Neticede, memleketin ihracatını onlarca yüzlerce kez katlamaya namzet olan bu müthiş ticari girişim de yol üzerindeki binlerce kerevit gibi yok oldu gitti... Yazık, çok yazık oldu!...

Evet sevgili okur, şu an halihazırda her bebemiz devlete borçlu olarak dünyaya geliyorsa, bunun tek sebebi Süleyman Aygün Başarır'ın önünün Alibeyköylüler tarafından kesilmesidir. Bu da böyle biline!

BİYOGRAFİLER

O KİMDİ?

Size bir tüccarı anlatmak istiyorum bu yazımda... Aynı zamanda da hayatımdaki en önemli adamı...

Hasan Bey, olsa olsa 55 kg ağırlığında ve 1,60 m boyunda, arka cebinde ütülü bir mendil ve Necip Bey yağsız briyantiniyle arkaya taradığı saçlarının bakımı için ince dişli bir tarak taşıyan zarif bir adamdı; ama harbiden adam gibi adam, tam bir adamdı!... Çevresinde çok sevilirdi, hem de çok...

Malkara'da terzilikle başlayan kariyerini, manifatura/konfeksiyon ve sonrasında da İrfan Macar'dan (*amcasının oğlu*) sonraki ikinci kuyumcu olarak devam ettirdi. Küçük bir kasabada büyük bir isim yaptı ticari faaliyetleriyle. Şarköylüler hatırlayacaktır: Güzel beldemizin ilk kuyumcu dükkânı da (*damadıyla beraber*) gene 1929 Kırcaali doğumlu Hasan oğlu Hasan Bey tarafından açılmıştır. Genç ve dinç fikirleriyle bizi çok erken terk edip kalabalığa karışması da 1985'in 25 Mayısına rastlar.

Hoş Adamdı

Çok hoş bir adamdı!... Dükkânının hemen çaprazındaki Muzaffer'in mini meyhanesinde iki tek atmak onun için özel bir keyif, hatta bir gereklilikti; ama, rakının o eşsiz rayihasına dalarken mezesine önem vermez ve yere düşen bir üzüm tanesinin yerine yenisi yemezdi! Gıdadan yoksun midenin yolunu -*bedenine acımadan*- açardı anason-alkol karışımına gaddarca... Sonra da kendine has bir dil-dudak hareketi ve sesiyle yol verirdi aslan sütüne... E, canım başkaca ne içecekti ki: Aslan sütünü aslanlar içerdi elbette!...

Oğulları/Kızları

Oğulları devam ettirmeye çalıştı onun kurduğu ticarethaneyi... Heyhat! Garip bir esrar olmalıydı ki onun kurduğu sistemde: Aynı şekilde yürümedi işler; zayıfladı ve onun ismiyle başlayıp büyüyen ticari varlık gene onun ismiyle siliniverdi!... İyi de oldu belki... Onun müşterisiyle kurduğu olağanüstü muhabbeti -*beyefendilik abidesi*- büyük oğlu Mustafa mı kurabilirdi yoksa serseri yaradılışlı Kemal mi?... Elbette, ikisi de değil! İkisi de yapamazdı bu işi; beyhude çabaya ne gerek vardı ki!... Ama kızları, babalarının genlerine en uygun yapıyı koruduklarını -*ticarette filan değil de*- başka türlü kanıtladılar cümle âleme: gerek güzel/düzgün insanlarla ideal evlilikler yaparak gerekse yakınlarının/dostlarının gönüllerinde halen pırıl pırıl parlayarak...

O Kimdi?

Bu türdeki biyografi örneklerini yazmam -*düşünerek altyapısını kurmak dışında*- "üj-bej" saatimi alır genelde; ama bunu yazmam bir seneme mal oldu! Uzun sürdü yani... Oysa bu çok normal; çünkü, "Hasan KIRAR" benim babamdı!

ADALET VE CUMHURİYET

Kelimenin tam anlamıyla kusursuz bir Ankara hanımefendisi olarak tanıdım kendisini... Henüz ilk gençliğime dahi girmediğim bir yaş dönemimde (*13-14 yaşlarında*) öptüydüm ilk kez sevecen ve bakımlı ellerini... Hürriyet âşığı gözlerini gözlerime dikerek, âdeta, "Yavrum, seni de ömrüm boyunca evlatlarım gibi seveceğim" der gibiydi ve hep de öyle oldu...

Modern ve Aydın Bir Ankara Hanımefendisi

Demek ki eşi Hayri Beyamca (*o daha evvel gittiydi büyüklerinin yanına*) gibi Harbiyeli olan büyük oğlu Vedat, sporculuğuyla ünlü yakışıklı Abdülcabbar, TBMM'nin zeki, çalışkan ve güzel görevlilerinden Nergiz ve Filiz gibi görecekti beni her zaman!... Ne sevindiydim bunu duyduğumda, bilemezsiniz!

Yukarıda da temas ettiğim gibi, kendisini ortaokul çağlarımda tanıdığımı söyledim; ama hangi sebeple tanıdığımı henüz söylemedim, değil mi?

Sırasıdır, anlatayım...

Biz dört kardeşiz; tıpkı, üst satırlarda saydığım "Seren kardeşler" gibi. Sanımca ve kanımca, bizden biriyle onlardan birinin beraberliğinin sözkonusu olduğunu anlamışsınızdır (*eh, anlayın artık beyav!*). Kısa keseyim: Küçük ablam, Adalet Hanımteyze ile Hayri Beyamcanın ilk evlatları olan Vedat Seren (*âdeta film stüdyolarından fırlamış jön havasında yakışıklı bir teğmendi o yıllarda*) ile evlendi '70'li yılların ortasında... (*Züvelciğimin gözleri de pek güzeldir, ha!*)

Şunu da belirtmekte fayda var: "Ankara hanımefendisi" vurgusunu sıklıkla tekrarlamam da hiç boşuna değil, bilesiniz. Cumhuriyet devrimlerini her daim içinde capcanlı yaşatan, bir şekilde Mustafa Kemal'in adı geçince gözleri buğulanan ve saç diplerine dek yüzüne can/kan gelen birinden söz ediyorum çünkü... Ankara'nın son 50 senesine şahit olan bir güzel kadından söz ediyorum... Klasik Türk Müziği zevki ve bilgisi yanında '60'lı '70'li yıllarda operaya giden bir şehirli güzellikten söz ediyorum... Süzülmüş bir asaletten, dirayetli bir Anadolu kadınından söz ediyorum!...

Kasaba Çocuğu

Bu alt başlık da kendim içindir...

Çocukluğunu irice bir Trakya kasabasında geçiren biri olarak, Adalet Hanımteyzeden ne çok şey öğrendiğim düşüverir aklıma zaman zaman... Hatta, Ankara'nın Cumhuriyet'imizin temel direği olduğunu tam manasıyla

Billur Sokak Billur Apartmanı'ndaki misafirliklerimizde öğrendiğimi dahi söyleyebilirim. Çok önemlidir benim için Ankara!... Hele bir de zarif Ankara hanımefendisi Adalet Hanımteyzeciğim aklıma düştükçe, inanın daha da bir anlam kazanıyor.

Son zamanlar pek özlüyordu Hayri'sini ve biz de dayanamadık: 2004'ün gökten hüzün yağan bir gününde gönderiverdik onu da çoğunluğun yanına... Ah, kimbilir ne mutludurlar şimdi Hayri Beyamcayla beraber... Kimbilir ne mutludurlar o sonsuzluk âleminde!

DOKTOR CEMAL AMCAMIZ

Dr. Cemal Özkan'ı nasıl anlatsam bilmem ki!... Hiç olmazsa denemeliyim... Mekânı cennet olası o büyük insandan söz etmek de şart doğrusu!...

Aydınlık Beyin

Bir kere şunu iyi bilmek lazım: Doktor Cemal Amca, eline uz (*hazik*) tecrübeli bir hekim ve sorumluluklarının bilincinde gerçek bir aydın olması yanında, müşfik de bir aile babasıydı. Entelektüel kişiliğini de bir gün Kaymak Dede'yle karşılıklı oturup Ahmed Arif üzerine konuştuklarını söyleyerek anlatmış olayım! (*Bugün acaba kaç kişi Ahmed Arif üzerine sohbet ediyordur bu beldede; merak ederim!*) Hurafelere mesafeli durması (*hem de haylice!*), bilime olan sevgisi, bağlılığı ve her daim parıldayan insanlık kumaşında herhangi bir pot bulunmamasından dolayı da zaten, "Şarköy'ün Cemal Babası" unvanı hürmetle yakasına iliştirilivermiştir.

22 Yıl Boyunca Tek Hekimdi!

Cemal Amcamız, 1952-1974 yılları arasında (*çıkarma yapalım: tam 22 yıl boyunca!*) tek hekimdi Şarköy'de: dile kolay! Durun durun!... Sadece Şarköy'de değil; Mürefte, Hoşköy ve buraların köylerini de dahil etmek lazım Cemal Amcanın bakım sahasına... (*Mürefte'de bir Tülin hekim olduğunu biliyoruz; ama kadın olmasından dolayı [uzak yerlere pek yetişemediği için] oraya da Cemal Amcamız bakardı.*)

Bu fakir de dahil olmak üzere, eski Şarköylülerden kimin kolunda/kalçasında Cemal Özkanın iğne izi yoktur dersiniz?

El cevap: Hiç kimsenin!

Ayrıca, sıklıkla sohbet ederek hümanist kimliğiyle özümüzü temizlediğimiz Cemal Amcamızın ne vakit uyuduğu da pek bilinmez doğrusu!... Aslında bilinir; mesela, ben biliyorum!

Bir örnekle anlatayım...

'80'li yılların başında bir sabaha karşı, o meşhur Renault 12 marka otomobilini Saray Bayırı'nda gördüğümü (!) bugün gibi hatırlarım. Önce şaşırdım, sonra da endişelendim!... Otomobile, sol tarafından yavaşça yaklaştım ve perçemleri sigara dumanından krem bir renk almış bembeyaz saçlarının çevrelediği nur yüzüyle şoför koltuğunda uyuduğunu (!) fark ettim o büyük hekimin... Demek ki hasta yakınlarının geceleri de sık sık gelip onu çağırmalarından dolayı evde uyuyamaz hale gelmişti ve bulduğu formül hiç de fena değildi doğrusu! (*Tahmin edersiniz ki müddet-i ömründe "Doktor evde yok!" dedirtmedi hiç kimseye...*)

Primum Non Nocere!

Maddi durumu iyi olmayan hastalarından vizite ücreti almadığını ve hatta gerekli olan ilaçları muayenehanesindeki çelik dolaptan -*o her zamanki dingin haliyle*- hastalarına sunduğunu filan yazmaya gerek dahi duymuyorum; çünkü o -*tüm bunların yanında*- Hipokrat'a atfedilen o özlü sözü en doğru şekilde uygulayan bir tıp adamıydı: İyileştirmeyi başat (*priority*) mesele olarak görür ve sağaltımda kati surette riske girmezdi. (*Ara başlıktaki o özlü sözün tam anlamıyla çevirisi de bu zaten: Önce zarar verme!*)

"Evrenimizin en güzel köyü"nden kalite ve zarafet timsali bir değeri misafir etmiş oldum sayfama: "Dr. Cemal Özkan".

Peki, ne için?

El cevap: Yüksek değerleri sadece içinde yaşatmakla kalmayıp çevresini de ışıttığı için elbette...

Girişte, "Dr. Cemal Özkanı nasıl anlatsam bilmem ki" dediydim... Bakın işte, anlatamadım... Kolay mı canım Dr. Cemal Özkan'ı anlatabilmek, kolay mı!

KAYMAK DEDE

İsmi Şarköy'le (*Tekirdağ-Şarköy*) beraber anılanları düşünürken aklıma Kaymak Dede (*Hüseyin Kaymak, 1324 [1908]-1992*) geldi. Geldi de o koskocaman adamı anlatmak da kalem ister beyav! Niyetine girdik bir kere; yarım bırakmak da olmaz şimdi...

Kaymak Dede'nin büyüklüğü sadece boy bos anlamında değil elbette; onun sözleri ve davranışları da bir âlemdir. Hele meselelere pragmatik çözümler getirmesi, kitap olur kitap! Boy bos, dedik de... Bastonu benim boyum kadardı mesela! Erikli yolundan Araplı'ya (*vallahi ben hâlâ "Araplı", diyorum o şirin köye*) dört adımda çıkıverirdi. (*Fazla mı salladım ne!*) Neyse, peşrevi uzun etmeyip onun Şarköy'e ilk geldiği yıllardan bir anekdot nakledeyim size...

Avraadın!

Gençlik, cesaret ve atılganlık var dedemizde... Kimse önüne çıkamıyor; çıkanı da Allah (cc) muhafaza etsin artık! Ama bir eksiği var: Türkçesi kırık; hatta yok! Devir de yokluk, kıtlık devri; ıssız yerlerin hâkimi eşkıyalar... Kaymak Hüseyin, bazı geceler üzerinde para olduğu halde dağ bayır yürümek zorunda kalıyor. Bu durum onu korkutmuyor; ama durduk yerde belaya sarmak da istemiyor. Yaptığı iş de sıradan-sürüden bir ticaret değil; tamamen "spécifique" bir iş: İpek kozacılığı. Çevreden dut dalı topluyor; tırtıllar onları yiyip kozalarını örsünler, diye. Ürünü hazır ettiğinde de iskeleden mavnalara yüklüyor ve yallah Bandırma!

Gene böyle gece-gündüz demeden çalıştığı günlerde, bir arkadaşı ona akıl veriyor: "Bak Üseyin, dulda bi'yerde karşına sakat tipler çıkarsa, al bi sopacık eline bas gamatayı: 'Avradınızı ulaaan!... Gelmişinizi geçmişinizi, testiden su içmişinizi; ölünüzü dirinizi, her gün birinizi!' diye bağır bakalım karşında durabiliyorlar mı!" Aksi tesadüf bu ya, iki akşam sonra bir tenhada karşısına 3-5 kişi çıkıverir Koca Kaymak'ın. Bizimkinin aklına hemen arkadaşının nasihati gelir ve "Avraadın!... Avraaadın!... Avraaaaadın" diye başlar; ama korkutma sözlerinin (!) gerisini unutmuştur?!

Allah'tan, karşısındakiler Kaymak Dede'nin bacak arasından geçerken poturunun ağına eremeyecek denli ufak kalmaktadırlar yanında! Her biri bir yere dağılır ve vaziyet de mayna olur böylece...

Demem o ki...

Size de bu Şarköy efsanesinden bir kıssa çıkabilir: ya verilen nasihatleri unutmayın ya da Kaymak Dede gibi bilek ve yürek gücüne sahip olun.

Bu işlerde bir üçüncü yol yoktur çünkü!

SENELER EVVELDEN HOC'ANIM

Sevgili okur, artık alıştınız bana; yakınlarımı tanıtıp onlar hakkında bazen genel bazen de özel bilgiler vererek yazı çıkarmayı pek severim. Bugün de aklıma, seneler sonra yeniden samimiyet peyda ettiğim bir Cumhuriyet eğitmeni geldi...

O vakitler kendisine hep "Canım Efendim" demek gelirdi içimden... Ciddi, otoriter bir naturası vardı; vakar sahibiydi, asildi... Ciddi bir samimiyeti vardı, dersem -*tam olarak olmasa da*- en yakına düşmüş olacağım onu tanıtmak anlamında...

Kimden Bahsediyorum?

Olsa olsa bir örneğine cennet ülkemin "rengâhenk" Karadeniz kıyılarında rast gelinebilecek yeşil rengin iyi bir örneği olan anlamlı bakan gözlere, günbatımı kızıllığındaki dalgalı saçlara ve sosyal ilişkilerinde yakınlarını dahi samimi bir mesafeye davet eden yay gibi kaşlara sahip bir güzel kadından... İçi aydınlık Atatürk devrimleri ve fikriyle dopdolu olan bir güzel eğitmenden, tertip, düzen ve doğruluğun eşi bulunmaz bir örneğinden, güçlü maneviyatıyla ne büyük zorlukların altından dimdik kalkmasını bilen bir Cumhuriyet aydınından, hayatının hiçbir döneminde enseyi karartmayan ve bu dingin ruh halini çevresine dupduru bir zarafetle yansıtan "Meserret Oğuzkıpçak"tan...

Tatlı Sert Disiplin

Hatıralarım uç verdi şimdi bakın... 23 sene evvelden, onu ilk tanıdığım zamandan bu yana iki güzel evladını hiçbir zaman "Of" demeden büyütmesiyle gönlümde taht kurduydu. Öğrencilerinin, âdeta söz birliği etmişçesine ve sıklıkla tatlı sert disiplininden dem vurmaları da zaten, her şeyin yerinde ve zamanında yapılması gerektiği üzerinde değişmez kuralları olduğunu fısıldıyor kulaklarımıza. Size bir hizmet sunuluyorsa eğer, hiç vakit yitirmeden teşekkür etmelisiniz; aksi takdirde -*ona pek yakışan*- çatık kaşlarıyla hizaya geliverirsiniz!

Çok sert ve acımasız bir profil çizdiysem eğer, hata bendedir; çünkü, Meserret Hanımın şefkatli ve sevecen hali de dillere destandır. Bir görenin bir başka göz görmek istemediği efsunlu bakışlara sahip olan büyük kızından olan biricik torunuyla oluşturduğu sihirli yakınlığı görmelisiniz mesela: beraberlerken hem talim hem terbiye, hem mizah hem samimiyet ve en önemlisi de hem olağanüstü bir hoşluk hem de saygı vardır aralarında...

Seneler Sonra

Seneler sonra, yeniden pek yakınız "Meserret Hoc'anım"la... İçi Cumhuriyet ateşiyle alev alev yanan bu büyük eğitmenden alacağım ne çok ders varmış meğerse: geçmişte pek de ciddiye almayıp atladığım!... Ama bu kez -*tabir yerindeyse*- damıtarak alıp özümseyerek katacağım bu bilgileri akıl hazneme; hem de her bir bilgi yığını için kendisine hürmetle teşekkür edip ellerini binlerce kez öperek.

MÜLÜMCÜ NAİL!

Bir güzel insan daha çoğunluğa katıldı (1910-2008): Nail V. Çakırhan.

'50'lerin başında, Arif Müfid Mansel'in başkanlığında bir ekip Adana Osmaniye'de "Karatepe Aslantaş kazıları"nı yapmaktadır: "Hitit siti" çalışmaları. Kazıdaki genç arkeologlarımızdan biri de değerli Hititoloğumuz Halet Çambel'dir.

Halet Hanım yalnız kalmasın, diye edebiyatçı ve şair olan kocası Nail Çakırhan da karısının yanında kalıp farklı disiplinlerdeki becerisini kanıtlamaktadır arkeoloji âlemine. Bir zaman sonra, gün yüzüne çıkarılan arkeolojik eserlerin korunması ve sergilenmesi için *-doğal koşullara dayanıklılığı yanında-* herhangi bir sıva ve kaplama gerektirmeyen bir biçim ve yüzey düzgünlüğüne sahip bir beton türü olan **"çıplak beton"**un yapılması gelir gündeme... Ama ne mümkün; o güne dek bu uygulamanın Türkiye'de tek bir örneği dahi yoktur!

Akademik/edebi nosyonu yanında gelişmiş estet bir

göze de sahip olan Nail Çakırhan, uzun uzun düşünmeye dahi gerek duymadan: "Ben bu işi yaparım" der ve Almanya'dan mimari kitapları getirtip çalışmaya başlar... Çakırhan, şair ve edebiyatçıdır, düşünce adamıdır; ama mimariyle bir yakınlığı olmamıştır o güne dek. Tıpkı, modern mimarlığın dev ismi Le Corbusier'nin (1887-1965) şehir planlayıcısı, ressam, heykeltıraş, yazar ve modern mobilya tasarımcısı olması gibi... "Niyet işin yarısıdır" diyen bir millete mensup olması yeterli olmalı ki *"çıplak betonu"* layıkıyla yapıverir Nail Çakırhan! O güne dek üniversitelerimizde bile yapılmamış bir iş çıkarmıştır. *(Bazı mimari kitaplarındaki/yayınlarındaki bilgilere göre ise, "çıplak beton" 1960'lı yılların başında -ilk kez- ODTÜ'de uygulanmıştır!)*

Neyse, işin teknik yönünü akademisyenler tartışsın artık: biz konumuza dönelim...

Çıplak beton yapmak için gerekli olan amele ve usta ekibi de elbette Osmaniye ve Kadirli civarından seçilmektedir. Yapılan işin bilimsel bir anlayışla kotarılması gerektiği için, ölçümlerde âdeta "milim"ler konuşmaktadır. Elbette, karakucak tarzı işlere alışmış ameleleri germektedir bu durum. Bir zaman sonra artık Nail Beyin bölgedeki ismi *-Adanalıların o hoş telaffuzuyla-* "Mülümcü Nail"dir: milimi milimine iş istediği için?!

Böylesine bir tesadüfle başlayan mimarlık kariyeri, 1983 yılında Nail Çakırhan'a "Uluslararası Ağa Han Mimarlık Ödülü"nü kazandıracaktır! Enteresan olan ise, emekli olup dinlenmek için seçtiği Akyaka'da kendi zevki ve keyfine göre inşa ettiği bir ev'in *(Akyaka Evi)* bu büyük ödüle layık görülmesidir.

İnsan düşünmeden edemiyor: "Mülümcü Nail", bir de mimarlık eğitimi alsaydı ne olurdu kimbilir!

Mini pusula: *Halet Çambel'in talebesi olan Mehmet Akif Işın'a (Tekirdağ Müze Müdürü) -seneler evvel bir sohbet esnasında- bu bilimsel dedikoduyu (!) bana aktardığı için huzurlarınızda şükranlarımı sunarım.*

VECDİ BEY VE ÜÇ GENÇ

Bu yazı, "Klasik Türk Musikisi"ne gönül verenlere ithaf edilmiştir.

Ali Vecdi Bey (*1887-1973*), 1930 ve '40'lı yılların efsane söz yazarlarındandır. Devrin bestekârları, içli nağmelerle ördükleri bestelerini onun şiirlerindeki sözlerin anlam derinliği ile nikâhlayabilmek için âdeta birbirleriyle yarışırlardı... Özellikle üç genç bestekâr, üstadın kapısını hemen her gün aşındırarak, şu mealde isteklerde bulunurlardı: "Aman hocam, şu şiirinize benim şu Nihavent bestem pek uyar" ya da "Kürdili Hicazkâr bir bestem var, onu sarmalayan bir güfte lütfen" gibi...

Bir zaman sonra, musiki aşkıyla yanan bu üç genç bestekâr, devletin, "Her Türk, kendi isminden başka ailesinin de ortak olarak kullanacağı bir soy isim alacaktır" demek suretiyle 21 Haziran 1934 yılında çıkardığı "Soyadı Kanunu" çerçevesinde, Vecdi Beyden bir istekte bulunurlar: "Hocam, bizim soy isimlerimizi sizin vermenizi istiyoruz."

Bu isteklerini belirttiklerinde, musikimizin unutulmaz eserlerine söz imzası atan üstat hiç düşünmeden, "Cuma günü, hediyemle beraber üçünüzü de evimde bir kahve içmeye bekliyorum" der. Elbette, Vecdi Beyin hediye'den kastı şudur: "Gelirken, benim soy ismimi de yanınızda getirmeyi unutmayın!"

Âdeta her dem musiki soluyan "üç genç bestekâr", kararlaştırılan günün sabahı üstadın kapısını heyecanla çalarlar... Aralarında karara varmışlar ve Vecdi Beye verecekleri hediyeyi de yanlarında getirmeyi unutmamışlardır. Hoca'ya "Bingöl" soy ismini uygun bulmalarının sebebi de zaten, "bin tane göl"ün neredeyse koskocaman bir derya anlamına gelmesinden başka bir şey değildir: tıpkı, Vecdi Beyin "kelime damlaları"yla "söz deryası" oluşturabilmesi gibi. Yola çıktıklarında, merak ettikleri tek bir şey vardır artık; acaba, Hoca hangi isimleri seçmiştir kendileri için?..

Lafa yekûn tutayım...

Kahveler içildikten sonra, Vecdi Bey vakit yitirmeden konuya girer ve "Hediyemi isterim" diyerek, çocukça bir heyecan gösterir. Gençler, "Efendim, sizin için 'Bingöl' soy ismini münasip gördük; elbette kabul buyurursanız" derler. "Bingöl" soy ismini beklemediğinden olsa gerek, Hoca bir ara duraklar; ama, gençlerin aldığı karara duyduğu saygıdan dolayı, önce her birine tek tek teşekkür eder ve hemen ardından da onlar için düşündüğü isimlerden vazgeçerek -*kendisine teklif edilen isme uygun ve bağlı olarak*- o an düşündüğü isimleri sıralayıverir bir solukta: "Saadettin, seninki 'Kaynak'; Selahattin, seninki 'Pınar'; Mustafa Nafiz, seninki de 'Irmak' olsun..."

Besteleri günümüzde hayranlıkla dinlenen ve eserleri musiki talebeleri tarafından zevkle meşk edilen bu "üç musiki devi"nin soy isimlerine kavuşma hikâyesini, bir İstanbul beyefendisinden dinlemiştim ilk gençlik yıllarımda... Belki de doğru değildir; ama, "Bingöl"e ulaşabilmek için çağıldayan "Kaynak", "Pınar" ve "Irmak"ı düşününce, "Olsa olsa bu kadar olur" demek geçiyor içimden...

BENİ YANILTMAZLAR!

Türk afiş sanatı ve reklamcılığının -gerçek anlamdaki- duayeni olan İhap Hulusi Görey'i (1898-1986) tanıtmak isterim size...

İhap Hulusi, ilk ve orta öğrenimini Kahire'de İngiliz okullarında tamamladı. Babası Ahmet Hulusi, Mısır'ın ünlü bir mimar ve müteahhidi, kardeşlerinden Yavuz Görey Türkiye'nin en ünlü heykeltıraşlarından biri, Nihat Görey ise Mısır'ın önde gelen müzecilerindendi. İhap Hulusi, 1920'de resim eğitimi için gittiği Almanya'nın Münih kentinde dört yıl Heiman Schule atölyesinde çalıştı. Resmin ticari alandaki karşılığı olan afiş ve basın ilanları dalında Kuntsgewerbe Schule'de ünlü afiş ressamı Ludwig Hohlwein'in yönetiminde üç yıl grafik eğitimi aldı.

1923'teki Galatasaray Sergisi'ne Almanya'da yaptığı altı afişiyle katılan İhap Hulusi, kendisi de ressam olan Abdülmecid Efendi (*Sultan olan değil, Halife olan Abdülmecid*) tarafından bizzat Saray'a davet edilerek tebrik edilmiştir. 1925 yılında yurda dönen sanatçı, ülkemizde henüz tanınmaya başlayan grafik ve afiş sanatı alanında aralıksız 56 yıl çalışmış ve bu çalışmalarıyla sadece grafik ve afişin tanınmasını sağlamakla kalmamış, ayrıca Türk reklamcılığının da öncüsü olmuştur.

İleri düzeyde İngilizce, Almanca, Fransızca ve Arapça bilen sanatçı, 1927'de -*ailesinin baskısıyla*- kısa bir dönem için dönemin Dışişleri Bakanlığında görev yapmak zorunda kalmıştır.

Neler yaptı?

Daha sonraları afiş çalışmalarına ağırlık veren İhap Hulusi, afişi yaparken "buluş"un önemine değinerek, "Seyredenlerin ilgisini çekmeli ve düşündürmeli" diye yorumladı.

1929'da İstanbul'da ilk atölyesini kurduktan sonra, Kulüp Rakısı etiketi ve Atatürk'ün siparişi üzerine Türk alfabesinin kapağını tasarlayan İhap Hulusi Ziraat Bankası, İş Bankası, Yapı ve Kredi, Garanti, Sümerbank, Emlak Kredi, Türk Ticaret Bankası, Maliye Bakanlığı (*tahviller*), Türk Hava Kurumu, Kızılay, Yeşilay, Tariş, Zirai Donatım Kurumu ve daha birçok özel kuruluşa çeşitli çalışmalarıyla hizmet verdi. (*Meraklısına: Kulüp Rakısı etiketindeki karşılıklı oturan iki kişinin kim olduğu, senelerdir merak konusudur. Atatürk-İnönü diyenler de vardır, Atatürk-Orhan Veli diyenler de... Aslında o iki kişi: Şair Fazıl Ahmet Aykaç ile İhap Hulusi'nin kendisidir.*)

Tayyare Piyangosu (*Milli Piyango*) idaresi için 45, Tekel İdaresi için 35 yıl çalışan İhap Hulusi, bu süreçte yurtdışında da adını duyurdu. Bayer'in afiş ve etiketleri,

Mısır'ın Tekel İdaresi, Devlet Demir Yolları ve şehir hatlarına ait ilanlar da İhap Hulusi tarafından yapıldı. Suluboya çalışmalarının yanı sıra, son yıllarında hat sanatını modernize ederek başarılı örnekler veren İhap Hulusi Görey, 27 Mart 1986'da İstanbul'da hayata gözlerini yumdu.

Bir ilave: Uzun yıllar devlet için pek çok afiş ve ilan hazırlayan İhap Hulusi, klasik bürokrasi anlayışını bakın nasıl iğneliyor: "Devlet için pek çok iş yaptım. Genellikle verilen işle ilgili olarak birkaç tane numune hazırlardım; sağ olsunlar, beni hiçbir zaman yanıltmazlar ve her seferinde en kötüsünü seçerlerdi!"

İSTANBUL'A HAS KABADAYILIĞIN SON NUMUNESİ: AKSARAYLI PRENS MÜŞTAK

İstanbul'un son efendi kabadayılarından Müştak Tüzünsü (*nam-ı diğer Prens Müştak*), külhanbeylik ile kabadayılığın arasındaki çizgiyi en iyi belirleyenlerdendi.
Şöyle ki...
Ceket omuzdan iğneyle tutturulmuş, başındaki kalıpsız fes de otuz beş'e bir çeyrek yanlamış olanlardan değil, delikanlılığı erkân-ı harp derecesinde ikmal etmiş bir kabadayıydı o... Prens Müştak hakkında ciddi ve derinlemesine bir sosyolojik araştırma yapılmalı. Yapılmalı ki zamane bıçkınları da bitirimlikle yiğitlik arasındaki hattın ayrımına varabilsinler. Akademik bilgi birikimim bu türde bir araştırmaya yeterli olmadığı için, sadece onunla alakalı bir-iki anekdot nakletmekle yetineceğim bu yazımda...

Şaşmaz ve Değişmez Değerleri Vardı

Evet, şaşmaz ve değişmez, hatta değiştirilmesi üzerine teklif edilmesini dahi kabullenemediği değerleri vardı

Müştak Amcanın (*ne büyük bir onurdur ki ona bu şekilde seslenebilen üç-beş kişiden biriydim*).

Mesela, müddet-i ömründe sadece filtresiz "İstanbul Bafrası" içti sigara olarak: akşamları da *-illaki dostlarıyla-* bir yetmişlik "Yeni Rakı"! "Aslan sütü"nü, mezeler eşliğinde öyle bir keyifle ve masa muhabbetiyle sarmalayarak içerdi ki, görselerdi eğer, zamanımızın "gurme"leri onun hareketlerindeki *Ahenge Göre Rakı İçme Sanatı* isimli kitaplar yayımlarlardı peşi peşine... Sanımca ve kanımca söylemeye gerek yoktur: Son kadehte dahi, harika "İstanbul Türkçesi"ne halel getirecek bir dil sürçmesine rastlayamazdınız onda...

Harama Uçkur Çözmedi!

Bulunduğu konum gereği *-bir zamanlar İstanbul'da baş'a güreştiği söylenir-* gece âleminde çokça zaman öldürürdü. Bu konuda sadece, Fahrettin Aslan'ın (*o masadan kalkıp geceye son noktayı koyduğunda*), tüm personelini Prens'i selametlemek için kapıya dizdiğini söylemekle yetineyim...

Gecelerini eğlence mekânlarında geçirmesine karşın (*vakit buldukça eğlence âleminde hanımıyla beraber olmaktan da imtina etmezdi gerçi ya*), evliliği müddetince harama uçkur çözmediğini duyduğumda pek şaşırmıştım doğrusu. Bu durumun doğruluğunu teyit edecek bir kişi vardı elbette: O da kendisi. Uygun bir zemin yoklayıp duyduğumun doğru olup olmadığını sorduğumdaki yüz ifadesini şimdiki gibi hatırlıyorum: Başını yuları kaldırdı ve "Bak

Kemalim" dedi, "Bu âlemde en zor iş, kadınlardan uzak kalabilmektir; ama ben karımı, sadece bana iki güzel evlat verdiği için değil, sadece 'o' olduğu için de çok severim. Ona karşı boynumun bükük olmasına; yani, yalanım belli olmasın diye ondan yüzümü kaçırmaya katlanamam! Ayrıca, bu âlemde kim mandepsiye bastıysa, mutlaka hadisede -*alet edilmiş*- bir kadın olmuştur. İnanmaz bir yüz ifadesi takınmış olmalıyım ki beni ikna edebilmek için (*hiçbir mecburiyeti yok aslında*) başından geçen bir hadiseyi naklediverdi.

Söz şimdi Prens Müştak'ta:

Otel Odasında

Sen de tanırsın, Mevlanakapılı Faruk yakın arkadaşımdır. Vakti zamanında, onunla beraber bir mahpus ziyaretine gitmiştik, Eskişehir'e... Ziyareti yaptık ve mahpuslar için getirdiğimiz nevaleyi başgardiyana teslim ettikten sonra da, "Geç oldu, bari bu akşam burada kalalım" diye düşündük. Neyse... Akşam yedik-içtik ve yatmak için otele geçtik. Bizim Faruk, çok muzip bir adamdır ve benim harama uçkur çözmememe de takıntılıdır bir inceden... Tam soyundum yatacağım, kapı vuruldu. Kalktım açtım ve o da ne! Hoş bir kadın, geceliğiyle içeriye girmeye çalışıyor. "N'oluyoruz kızım derdin ne" filan demeden göz süzmeye, iç gıcıklayıcı şeyler söylemeye başladı! Maşallah, Allah da özene bezene yaratmış doğrusu... Baktım, işin sonu iyi değil; neredeyse fiiliyatı bozacağım!

Bir Şeyler Yapmak Lazım!

Bir şeyler uydurmam ve bu sakat durumdan kurtulmam lazım. Ama ne? Hemen kafamda bir ışık yandı: Güzeli odama gönderen Faruk'tu! Bana yeminimi bozduracak ve sonra da dalgasını geçecekti aklı sıra... "Gel kızım, otur bakayım şu divana" dedim. Sonra da ona, öyle bir kurt masalı okudum ki Faruk yıllarca anlattı bu mevzuu millete: bak sen bile duymuşsun.

Güya, seneler evvel bir silahlı saldırıda vurulmuşum (e, *bu âlemde sıkça rastlanan olaylardır bunlar, inandı elbette*) ve ondan sonra da erkeklik kuvvetimi yitirmişim?! Bu durumu herkesten gizlemişim; ama bizim Mevlanakapılı -*hadiseyi bilen tek kişi olduğu için*- bu eksikliğimi sürekli sarakaya almaya çalışırmış, filan... Ah o güzel kadın bir hislendi, bir hislendi anlatamam. Ağlaya ağlaya terk etti odayı! Bir taraftan da söyleniyor: "Faruk Abi insanlık mı bu yaptığınız şimdi; hem de beni alet ederek" diye. O çıkınca, kapıyı güzelce kilitledim ve derin bir "Ooh" çektim. Az kalsın... Allah saklasın yemin boşa çıkacaktı!

Sabah kahvaltıya indiğimde bir de ne göreyim: Otelin lobisinde kıyamet kopuyor! Bizim Faruk, çınlatıyor salonu: "Ulan seni de mi aldattı! Söylemedim mi ben sana: Prens kabadayı olmasaydı tiyatrocu olurdu, diye; söylemedim mi ha!"

Ben büyük bir badire atlatmıştım; ama kızcağızın hali de içler acısıydı... Üzüldüm doğrusu...

PRENS'İN YEMİNİ

Genelde İstanbul, özelde Şarköy'ün efsane isimlerinden Aksaraylı Prens Müştak'tan bir anekdot daha...
İlk yazımda, Müştak Amcanın başından geçen bir olayı naklettiydim. Ama ne yazık ki "müddet-i ömründe" zamparalık yapmayan (*evlendikten sonra*) o hakiki kabadayıyı, hiç de istemeden "âlem-kadın-kabadayı" üçgenine sokmuş gibi göründüm (*ya da siz öyle anladınız*)!
İstanbulluluğa has kabadayılığın son numunelerinden olan Aksaraylı Prens Müştak'ı her yönüyle tanımak lazım: Mesela, aynı hatayı üst üste üç kez tekrarlayan birinin kulağını -*canı yanmasın diye*- uzun uzun ovalayıp sonra da bu iflah olmaz müptezelin kulak memesinin alt kısmına, "Bu da kulağına küpe olsun" anlamında minik bir çizik çektiğini de bilmek lazım! (*Merak eden, Aksaray'da kulağı Prens Müştak tarafından çizilmiş vaziyette gezenleri bulabilir.*) Onun hiç hazzetmediği tipler: "Sigara kâğıdı kadar günahım varsa, akrep iftarım olsun" diyen bitirimlerdi. Söz'e ve yemin'e çok bağlıydı; hatta bazen haksız yere can yakmayı bile göze alarak!

İşte size, trajikomik bir Prens Müştak hikâyesi...

Müştak Tüzünsü (*soy ismi, "temiz asker" anlamına gelmektedir*), 1970'lerin sonlarında iki yakın dostuyla beraber Ege sahillerde bir geziye çıkar. Amaç İzmir, Kuşadası, Marmaris yörelerinde hem satın alınacak arazi bakmak hem de öylesine dolaşmaktır. Gezinin Marmaris ayağında bir pansiyonda konaklamaları gerekir ve elbette akşam yemeği için hazırlık yapmak da Prens Müştak'a düşer (*tanıyanlar, mutfakta nasıl bir sihirbaz olduğunun pek iyi bilir*). Güzel bir salata yapmak için gerekli olan taze soğan, marul, maydanoz vb. almak amacıyla bir pazar tezgâhına yaklaşır bizimkiler... Onu ver, bunu ver filan derken: Prens Müştak, bir ara duraklar ve pazarcıya, "Birader, yanımdakine '5 lira' dedin; ama bize gelince bu mübarek maydanoz '10 lira' oluverdi; ne iştir, anlayalım" der. Pazarcı, gayet sakin ve pervasızca: "Aman akideş, ona '5' sana '10 lira' işte" deyiverir! Vaktiyle, İstanbul'da başa güreşen namı diğer Prens Müştak (*yağlı güreş çayırındaki güreşlerle karıştırmayın sakın!*), muhatabının kulağına eğilir ve "Hadi al şu '10 lira'yı da iki demet veriver; uzatma bu işi" diyerek işi tatlıya bağlamak ister. Turist sever (!) beyimiz bu duruma kızmış olmalı ki, "Alacaksan al, almayacaksan alma akideş" deyip maydanoz demetini kapıverir bizimkinin elinden! Kabadayılığı erkânıharp seviyesinde idrak etmiş olan Prens Müştak, enayi yerine konulduğuna mı yansın, yoksa tezgâhtan kovulduğuna mı?

Güneşten kızarmış yanakları ve çatık kaşlarıyla ters ters bakan Marmarisli pazarcıya doğru bir hamle yapacakken de kendini havada bulur zaten: Her ikisi de kendinden hayli uzun ve bir o kadar da okkalı olan dostları (*birisi, eski İstanbul polis şeflerinden Abdullah Bey*dir) bir rezillik çıkmaması için beyimizi askıya alıvermişlerdir! Prens Müştak -*o anki öfkesinden olsa gerek*- oracıkta bir yemin eder: "Şu andan itibaren -*özellikle 'akideş' diyen*- ilk tesadüf ettiğim Marmarisliyi döveceğim!"

Aradan dört sene geçer...

Bu zaman zarfında hemen her gece Prens Müştak'ın rüyasında bir demet maydanoz vardır (!) ve tabir yerindeyse eğer, hayat bu sözünün eri adama zehir olmuştur âdeta... Bir akşam, Kumkapı Dörtler Restaurant'a oturup yakınlarıyla rakı içerken (*başka bir şey içmezdi zaten*), yandaki üç kişilik masadan "akideş-makideş" sözleri çalınır Prens Müştak'ın kulağına... Egeli oldukları besbelli olan mekân komşularından biri, ikide bir "Akideş öyle oldu" ya da "O da geliveseymiş akideş" filan gibi sözler sarf etmektedir. Ettiği yemini bir türlü unutamayan Prens Müştak, yanındakilere çaktırmadan "akideş'lerin masası"na sızar ve o sıklıkla "akideş" diyen beyefendiye yaklaşıp şöyle der: "Nerelisin kardeşim?" Cevap, çınlayan bir zil gibi gelir: "Marmarisliyim akideş, ne oldu ki!" O anda olan olur, Prens'in "Bayrampaşa yokuşu" diye tabir edilen ve yukarıdan aşağıya doğru kırk beş derecelik açıyla inen -ve *yiyenin bir süre yerden kalkamadığı*- sol tokadı patlayıverir "akideş" diyenin kulağının arkasında! Sadece tokadı yiyen değil, hemen onun yanında oturan arkadaşları ve üzeri çeşit çeşit mezeyle dolu masa da hâk ile yeksan olmuştur!

Müştak Bey, herkesin şaşkınlıktan donup kaldığı bu andan istifade ederek yarı baygın yatan akideş'e doğru eğilir ve "Vur kardeşim" der, "İstediğin kadar vur bana!

Yeminim vardı ve yerine getirmem şarttı; erkek sözü, elimi dahi kıpırdatmayacağım: İstediğin kadar vurabilirsin!" Şaşkınlıktan ve yediği okkalı tokattan âdeta sarhoş olan talihsiz "akideş", hâlâ şöyle söylenmektedir: "Git akideş, uzak dur benden! Neden sana vuracakmışım akideş!"

Aksaraylı Prens Müştak ise, bu arada sadece adamın ağzını kapatmaya çalışmakla meşguldür: "Sus be delikanlı, sus! Akideş, dedikçe aklıma geliyor; Allah'ını seviyorsan sus! Bak elimden bir kaza çıkacak şimdi?!"

ÂLEME SON NOKTA

Şimdi de size, İstanbulluluğa has kabadayılığın son numunesi olan "Aksaraylı Prens Müştak"ın yeraltı âlemindeki aktif hayatına son noktayı nasıl koyduğunu anlatacağım. İşin içinde belediye, muhtarlık, emniyet var!... Kabadayının efendiliği, sözünde durması, laf yememesi var!... Sizin anlayacağınız, var oğlu var! İyisi mi, "otuz iki kısım tekmili birden" bir yazıdır bu, diyeyim ki meramım anlaşılsın.

Âleme beraber dalalım; buyurun efendim...

Sene 1980

1970'lerde, Aksaray Gureba Hüseyin Ağa Mahallesi Şekerci Sokak'ta bir mekânı vardı Müştak Amcanın... Mekânda, âlemin kurallarına uygun olarak kumar oynanır ama katiyen yanlış olmazdı! (*Barbut*'un "*şeşbeş*", "*Arnavut*" *gibi türleri yanında; çoklukla "kılıç" atılırdı...*) Devir de asayiş şube ekip amirlerinden "Sadettin Tantan"ın

İstanbul'u kasıp kavurduğu devir: Anlayın ki ateş gibi bir komiserin âlemi gözlediği bir şehirde gayri meşru "bitirimhane" işletiyorsun!... Zor iş harbiden!

Neyse, lafa yekûn tutayım... 1980 senesinin bir akşamı, Aksaray'daki "İsmet'in Meyhanesi"nde üç arkadaş demlenmektedir: Eski İstanbul emniyet müdürlerinden "Abdullah Bey", çantadan yetişme efsane polis "Çene Mustafa" (*ilk gangsterimiz olarak tarihe geçen İrfan Vural'ı bir operasyonda öldüren kişidir*) ve "Prens Müştak" (*ekip sağlam maşallah!*). Gecenin ilerleyen saatlerinde, mekânın Tantan tarafından basıldığı (!) haberi gelir dost masasına. Prens Amca -*merak ve şaşkınlık içerisinde*- 100-150 metre mesafedeki mekânına gidip bir bakmak için hemen kalkar masadan.

Henüz mekânın merdivenlerini çıkarken de Tantan'ın şu sözlerini işitir: "Burada kumar mı oynanıyor ulan! Kumar mı oynanıyor ulan burada, söyleyin! Kumar oynayanın da oynatanın da?!" Bu son sinkaf'tan sonra, Sadettin Tantan, kapıda beliren Prens Müştak'a döner ve sözlerine şöyle devam eder: "Müştak Efendi, burada kumar var mıydı?" Prens Amcanın cevabi konuşması, halen eski İstanbulluların sohbetlerini süslemektedir: "Burada kumar oynanmıyor, demiyorum!... Evet, oynanıyor. Hatta, zarlar da bak karşı masadaki köfteci "Badi Cengiz"in ağzında şu anda?! Ama o ettiğin sinkaf'ı da sana geri iade ediyorum. Kimse bana karşı böyle konuş(*a*)madı şu saate kadar!"

Ortalık birdenbire resmen buz keser ve herkes -*eli ayağı tutulmuş vaziyette*- bu iki koç'un çarpışmasına kilitlenir: Son söz, Prens Müştak'ın dudaklarından dökülür: "Ulan bu âlemde senelerdir bu işi yaparım, kimse bu şekilde onuruma dokunan sözler sarf edememişti!... Ben bu lafları duyacak adam mıyım; yazıklar olsun!" (*Sonunda, vaziyet mayna olur ve Müştak Amca [kanlarındaki delikanlılığın benzeşmesinden olsa gerek] seneler sonra, Tantan ile arkadaş hatta "dost" olur, iyi mi!*)

Ertesi Gün

Prens Amca, hemen ertesi gün Sıkı Yönetim Komutanlığına giderek -*düzenli olarak bakımını yaptığı*- üç silahını da vazifeli subaya teslim eder (*bir tanesi "çift yüzük Astra"dır*). Bu âlemdeki faaliyetlerini terk eder ve artık sosyal hayatta hizmet zamanıdır, diyerek Gureba Hüseyin Ağa Mahallesi'ne muhtar seçilir kısa bir süre sonra da...

Buraya kadar gelmişken devam etmeli...

Fatih Belediye Başkanlığı Seçimi: 1994

Bakın işin bu kısmı çok enteresandır... Fatih Belediyesi, evvelki seçimlerde Refah Partisi'nin adayları tarafından kazanılırken, Gureba Hüseyin Ağa Mahallesi Muhtarı Müştak Tüzünsü'nün kulis çalışmaları, sevenlerini etkilemesiyle bu kez ANAP adayını ağırlamaktadır ve koltukta oturan da Sadettin Tantan'dan başkası değildir! Sadettin Tantan, muhtar Müştak Tüzünsü'nün seçimlerdeki bu yardımlarını unutmaz ve "Belediye başkanı olunca sana saray gibi bir muhtarlık binası yaptıracağım; bu kulübeden kurtaracağım seni" şeklinde verdiği söze bağlı kalarak bir bina hazırlatır. Hazırlatır; ama binanın boyası filan bitip de tam taşınılacağı sırada, İstanbul Büyükşehir Belediye Başkanı "R. Tayyip Erdoğan"ın direktifleriyle muhtarlık binası yıktırılır! O günleri hatırlayanlar, Erdoğan'ın Tantan'a yönelik olarak söylediği şu sözleri hatırlayacaklardır: "Sen o binayı, müsaadesi olmayan yere bir diyet uğruna yaptırdın!..."

Âlemin Prens'i Kalplerimizde Yaşayacak

Sevgili okur, 2 Şubat 1998'de özlediği dostlarının yanına uğurladığımız nam-ı diğer "Aksaraylı Prens Müştak"ın şu anda sizinle beraber bu yazıyı okuduğuna eminim?!

Nereden mi biliyorum? Çok kolay: bu yazıyı yazarken de benim yanımdaydı çünkü...

ÜÇLEMELER

"Üçlemeler"de, kelimelerin -etimolojik derinliğine girmeden- üç dilde/coğrafyada ve zamanda, karşılıklarını ve kısaca anlamlarını bulacaksınız: Bugünkü Standart Türkiye Türkçesi (BSTT), Osmanlı Türkçesi ve Batı dilleri...

Kısır döngü/Fasit daire/Vicious circle:

1- Başlangıcın sonuç tarafından tetiklenmesi.
2- (*mantık*) Önermeyi ikinci bir önermeyle, ikinci önermeyi de dönüp birincisiyle tanıtlamaya çalışma yolu.
3- (*mecaz*) Aynı olumsuz sonucu veren, çözüm getirmeyen durumların tekrarlanması, sürdürülmesi.

Tümdengelim/ Talil/Dedüksiyon (*déduction*):

1- Varılan sonucun zorunlu ve kesin olarak geçerli olduğu (*kesin sonuca vardıran*) mantıksal işlem. Bu çıkarım biçiminde, öncüller doğru ise sonuç önermesi de zorunlu olarak doğrudur.
2-Tümel olandan tikelin, genel olandan özelin çıkarılması.

Tümevarım/ İstikra/Endüksiyon (*indiction*):

Tekil olandan-özel olandan genel olana giden, tek tek olgulardan genel önermelere varan yöntem; burada ve şimdi gözlenilmiş olanlardan, belli bir türün bütün durumları için geçerli olan yasaya gider.

Anlak/Zekâ/Intelligence:

İnsanın yeni durumlara başarıyla uyabilme, olayları bağımsız olarak düşünebilme, akıl yürütme, objektif gerçekleri algılama, imgeleme, çağrışım yapma, usavurma, soyutlama yargılama ve sonuç çıkarma yeteneklerinin tamamı.

Çevren/Ufuk/Horizon:

1- Düz arazide ya da açık denizde gökle yerin birleşir gibi göründüğü yer.
2- Çekülün gösterdiği dikey çizgi ile gözlemci üzerinden geçen düzlem, göz erimi.
3- *mec*. Anlayış, kavrayış, görüş, düşünce gücü.

Özengen (Özenci)/Heveskâr/Amatör (*Amateur*):

1- Bir işi para kazanmak için değil de sadece zevki için yapan kimse (*"profesyonel" karşıtı*).
2- Yeterince deneyimi olmayan, deneyimsiz, acemi.

Somut-Müşahhas-Konkre (*Concret*):

Beş duyudan biri ya da birkaçıyla gerçekliği algılanabilen.

Soyut-Mücerret-Abstre (*Abstrait*):

1- Soyutlama ile elde edilen, varlığı ancak eşyada gerçekleşen.
2- mec. Anlaşılması, kavranılması güç olan.

Nesnel-Afaki-Objektif:

1- Nesne ile ilgili, nesneye değgin.
2- mec. Gerçeğe varmak amacıyla, taraf tutmadan inceleme yapan, hüküm veren.
3- fel. Bireyin kişisel görüşünden bağımsız olan.

Öznel-Enfüsi-Sübjektif:

Özneye ilişkin olan, öznede oluşan; nesnelerin gerçeğine değil, bireyin düşünce ve duygularına dayanan.

Çeşit/Tenevvü/Varyete (*variété*):

1- Aynı türden olan şeylerin bazı özelliklerle ayrılan öbeklerinden her biri, tür, nev.
2- Canlıların bölümlenmesinde, bireylerden oluşan, tür'den daha küçük birlik.

Başkalaşım/İstihale/Metamorfoz (*Métamorphisme*):

1- Bir kütlenin fiziki ve kimyasal özelliklerinin değişmesi.

2- Özellikle böceklerde ve amfibyumlarda, bir hayvanın embriyo evresinden ergin olana kadar geçirdiği şekil ve yapı değişikliği.

Bağdaşık/Mütecanis/Homojen (*homogène*):

1- Benzer karakterlere ya da yapıya sahip olan.
2- Tamamının aynı yapıda olma, yeknesak olma hali.

Ayrışık/Muhtelif/Heterojen (*hétérogène*):

Değişik karakterlere ya da yapıya sahip olan; aynı cinsten olmayan.

٭ Katı/Sulb/Solide:

1- Sıvıların ve gazların tersine, içinde bulunduğu kabın ya da üstünde bulunduğu yerin biçimini almayan.
2- Sert, yumuşak olmayan. (*Mesela "Lavhavi tasallub", MS [Multipl Skleroz] hastalığının eski ismidir. Buradaki "tasallub" [sertleşme] da zaten "sulb" kökünden gelir.*)

Orantı/Tenasüp/Proporsiyon:

1- Bir şeyi oluşturan parçaların kendi aralarında ve parçalarla bütün arasında bulunan uygunluk, oran.
2- *mat.* Birincinin ikinciye oranı, üçüncünün dördüncüye oranına eşit olan dört terim arasındaki bağıntı, orta.

Organlaşma/Taazzuv/Organizasyon:

1- Düzenleme.
2 - Devlet, idare, toplum vb. düzenleniş biçimi.
3- Düzenli bir grubun üyelerinin tamamı.
4- Kuruluş, kurum, teşkilat.

Eşanlamlı (*Anlamdaş*)/Müteradif/Sinonim (*Synonym*):

Yazılışları farklı olduğu halde anlamları aynı -*ya da birbirine çok yakın*- olan kelimeler.

Eşsesli (*Eşadlı*)/Hemnâm/Homonim (*Homonym*):

Söylenişleri aynı, anlam ve kökleri ayrı olan kelimeler.

Karşıtanlam/Tesavii nakizeyn (*Mütebayinat*)/Antonim (*Antonym*):

Zıt anlamlı kelimeler.

Dilbilgisi/Kavaid/Gramer:

Bir dilin ses, biçim ve cümle yapısını inceleyip kurallarını saptayan bilim dalı.

Dilbilim/Lisaniyat/Lengüistik:

Dilleri dilbilgisi, sözdizimi (*sentaks*) ve sesbilgisi (*fonetik*) gibi çeşitli açılardan yapısal olarak inceleyen bilim dalı.

Bildiri/Beyanat/Deklarasyon (*Declaration*):

1- Bildirme, duyurma, ilan etme.
2- Bir konunun kamuoyuna duyurulması için yapılan açıklama, bildirge.
3- Mal bildirimi.

–i hali/Mefulünbih/Akuzatif:

İsmin halleri'nden olup kelimelerin -i, -ı ya da -u eki almış halidir. İsmin belirtme durumu ekidir ve sonuna geldiği kelimeyi belirtili nesne yapar. Yüklemin neyi, neleri, kimi, kimleri belirttiğini gösterir. (*Beni-seni-onu-bizi-sizi-onları.*)

–e hali/Mefulünileyh/Datif:

İsmin halleri'nden olup kelimelerin -e ya da -a eki almış halidir. İsmin yönelme durumu ekidir ve sonuna geldiği kelimeyi dolaylı tümleç yapar. Yüklemin bildirdiği eylemin "nereye" yöneldiğini gösterir. (*Bana-sana-ona-bize-size-onlara.*)

Yorum/Şerh(*Tefsir-Tavzih*)
İnterpretasyon (*Interprétation*):

1-Bir yazının ya da bir sözün, anlaşılması güç yönlerini açıklayarak aydınlığa kavuşturma.
2- Bir olayı belli bir görüşe göre açıklama, değerlendirme.
3- Gizli ya da imgesel olan bir şeyden anlam çıkarma.
4- Bir müzik parçası ya da tiyatro oyununun özgün bir teknik ve duyarlıkla sunulması.

Oylum/Hacim/Volüm (*volume*):

Bir cismin uzayda ya da bir kap içinde doldurduğu boşluk.

Özgecilik/Diğerkâmlık/Altrüizm (*altruisme*):

1- Çıkar gözetmeksizin başkalarının iyiliği için özveride bulunmayı bir ilke olarak benimseyen ahlak tutum ve görüşü.
2- Her kişinin asıl yükümlülüğünün, kendisini başkalarına, topluma adamak olduğu düşüncesine dayanan ve A. Comte ile Spencer'in temelini attıkları ahlak görüşü.

Duyu/Hâsse/Sens (*Sense*):

İnsanların ve hayvanların, dış dünyanın uyaranlarını beş duyu organıyla (*görme, işitme, koklama, dokunma ve tatma organlarıyla*) algılama/idrak etme yeteneği.

Yangı/İltihap/Enflamasyon (inflammation):

Vücudun, mikroplara karşı koymak için herhangi bir yerine fazla kan hücumu ile orada şişkinlik, kırmızılık, ısı ve ağrı ile beliren irin toplanması.

Mini pusula: *Arapça kökenli olan "iltihap"ın (lahab: yanma, tutuşma) mukabili olarak türetilen (derivasyon [derivation]) "yangı" kelimesini pek beğenirim: kökendeki "yanma" tam olarak karşılanmıştır. Ayrıca, Fransızcadaki "inflammation" ve Felemenkçedeki "ontsteek" de "alevlenme, tutuşma, aydınlanma, yanma" kök anlamına sahiptir.*

Süreğen/Müzmin/Kronik (chronique):

1- Ne kadar süreceği belli olmaksızın sürüp giden.
2- Hek. Uzun süreli olan hastalık.

Uyurgezer/Sairfilmenam/Somnambule (İng. Sleepwalker):

Parasomni kategorisinde bir tür uyku bozukluğu.

Gökbilim/İlm-i Heyet (Felekiyyat)/Astronomi:

Gök cisimlerinin konumlarını, hareketlerini, birbirine olan uzaklıklarının ölçülmesini, bunların fizik ve kimya bakımından yapılarını inceleyen bilim.

Algıda seçicilik/Selective perception/İhtiyâr fî idrâk (İhtiyâr bi'l-idrâk):

Dikkatin, çevrede bulunan uyarıcılardan, olaylardan, nesnelerden bir ya da birkaçına yönelmesi.

Ayraç/Kulâmeteyn/Parantez (*parenthèse*):

Cümle içinde geçen bir sözü metin dışı tutmak için, o sözün başına ve sonuna getirilen yay (*eğmeç, kavis*) biçimindeki işaret.

Andaç/Muhtıra/Ajanda:

Gerekli notların unutulmaması için yazıldığı takvimli defter.

(*Muhtıra için ilave: 1- Herhangi bir şeyi hatırlatmak, uyarmak amacıyla yazılan yazı.*

2- Bir devletin başka bir devlete politik sorunlarla ilgili olarak yolladığı uyarı yazısı, diplomatik nota [memorandum].)

Yansıma ses/Elfâz-ı savtiye
Onomatope (*onomatopée*):

Ses yansımalarından esinlenerek, pekiştirme amaçlı kullanılan söz sanatı. Tabiattaki seslerin taklit (öykünme) edilerek telaffuzla verilmesi (*gürül gürül, şıpır şıpır, efil efil, gacır gucur vb.*)

Gecikme/Tehir/Rötar (*retard*):

Sonraya bırakma, erteleme (*"son, sonra gelen, sonuncu, öte" manasındaki "ahir" de [āχir] tehir'in müştakıdır*).

Saymaca/İtibari/Nominal:

1. Kâğıt üzerinde, gerçekte var olmayan, sadece ismen mevcut, fiktif, sözde.
2. Önemsiz, düşük.

Teğet/mümâs (*hatt-ı mümâs*)
Tanjant (*tangent [tañjañ]*):

1- Bir eğrinin yanından geçen ve ona ancak bir noktada değen doğru.
2- Çok yakınından geçip gitmek.
3- mec. Önemli bir konuya üstünkörü dokunarak konuyu önemsizleştirmek.

Su saati/Surrâkat el-mâ/Klepsydra:

Tam olarak zamanı bilinmese de ilk tipleri Mısır'da bulunan "su saatleri", dibinde delik olan bir kovanın boşalması ve dolması sistemiyle çalışır ve zamanı gösterirdi. (*Güneş saatleri belirli bir zamanı gösterirken, su saatleri ne kadar zaman geçtiğini de göstermekteydi ve bu sebeple de su saatinin icadı zaman ölçümünün gerçek başlangıcı sayılabilir.*)

"Su saati"nin Osmanlı Türkçesi ve Yunancası da birebir "su hırsızı"na tekabül etmektedir (*Osm. Tr. sirkat: çalma, mâ: su; Eski Yunanca "kleptis: hırsız, "hydra: su*)...

Mini pusula: *"Klepsydra" terimi, modern/çağcıl Yunancada "kum saati" manasına da gelmektedir.*